河南簡史

程有為 著

王朝更迭，文化不息
遺址中埋藏著華夏最古老的故事

一部河南史，半部中國史
從遠古文明，到近代變局

這片土地如何影響著整個華夏的命運？

走進河南的脈動
探尋中原大地的變遷與傳承

目 錄

緒言   005

第一章   原始社會   019

第二章   夏商西周時期   039

第三章   春秋戰國時期   061

第四章   秦漢時期   083

第五章   魏晉南北朝時期   107

第六章   隋唐時期   139

第七章   五代宋金時期   169

第八章   元明清（前期）時期   199

第九章   清代後期   235

緒言

「河南」就是黃河以南，它是一個以黃河為參照的地區名稱。本書所說的「河南」是指河南省，和它相關的地名有「豫」、「中州」、「中原」。因河南地域古代屬於「豫州」，故簡稱為「豫」；豫州居九州之中，故又稱「中州」。晉公子重耳曾說：「晉、楚治兵，遇於中原，其辟君三舍。」他所謂「中原」，是指晉（今山西南部）、楚（今湖北）兩國之間土地，就是河南地區。

回溯數千年河南地區的歷史，可以大體以元代為界，分為兩個階段。元代始設「河南江北行省」，明清時期河南省的地域範圍大體固定下來，延續至今。元代以前有河南國、河南縣、河南郡、河南尹、河南道、河南路、河南府等政區名稱，但是它們所指代的地域都和河南省不同。也就是說，在元代以前的數千年，實際上並不存在「河南省」這一政區。這一時期的「河南」是以今河南省地域為範圍向上追溯，可以稱作「前河南」時期。因為「狹義的中原指今河南省一帶」，所以本書把建省以前的河南地區稱作「中原」。

河南自然環境優越，有利於生產活動的發展，經濟長期領先於全中國，居於中心地位；河南是中國歷史建都時間最

緒言

長的地區，長期處於政治中心，兵家必爭，大事迭出，關乎天下興亡，牽連國家盛衰；河南也是華夏族的發祥地、漢民族的中心區、民族融合的重要地區；河南文化燦爛輝煌，是中華文化的核心和主流。

北宋滅亡以後，全國政治、經濟、文化中心從中原移出，河南逐漸落後於江南沿海地區。近代以來河南人民開展艱苦卓絕的奮鬥，為經濟發展、文化進步奠定了堅實的基礎。

一、得天獨厚的自然環境與地理位置

「河南」與黃河的關係極為密切。鄭州桃花峪是黃河中下游的分界。河南省地跨黃河中下游，又跨黃河南北。秦嶺、淮河是中國南北分界線，豫西山地屬於秦嶺餘脈，河南地跨淮河南北，總體上屬於黃河流域，屬於中國中部地區。

河南優越的自然環境，包括多樣性的地形地貌、溫和的氣候和豐富的自然資源。河南位於黃土高原和華北平原的過渡地帶，三面有山地環抱：豫西崤山、熊耳山、伏牛山、外方山呈扇狀分佈，豫北處於太行山東麓，桐柏山、大別山拱衛於南面，東面是一望無際的平原。河南省地跨黃河、淮河、海河和長江四大流域：黃河橫貫中部，支流有伊洛河、

一、得天獨厚的自然環境與地理位置

沁河;淮河發源於桐柏,支流有潁河、渦河、洪汝河;衛河、漳河流入海河;湍河、唐白河注入漢水。河流縱橫利於灌溉與航運。全省為大陸性季風氣候,四季分明、氣候溫和、雨量適中,礦產和動植物資源豐富,適宜於人類生活和生產活動發展。

河南有「天下之中」的區位優勢。顧炎武在其《天下郡國利病書》中說:河南省「居天下之中,咽喉九州,閫域中夏,鎖天中區,控地四鄙,居南北要衝」。由於黃河與其支流伊洛河交會的地區是中華文明肇始階段和夏、商、周三代的奠基之地,因而被稱為「天下之中」或「天地之中」。河南又是最早的「中國」(即「國中」)所在地。周武王滅商,說「餘其宅茲中國,自茲乂民」(何尊銘文),以洛陽為「國中」,要遷都於此。

河南水陸交通便利。秦都咸陽向東的主幹道橫貫河南,東漢以後洛陽成為歐亞絲綢之路的東端起點,北宋以東京開封為中心的陸路四通八達。戰國時魏國開鑿的鴻溝運河連通黃河和淮水。隋煬帝時開鑿以洛陽為中心、北至涿郡、南達餘杭的大運河,極大地提升了南北水上交通的便利。北宋汴水是一條水上大動脈。洛陽、開封長期是全國的交通中心。便利的交通為經濟文化發展提供了良好條件。

二、政治樞紐與民族融合

夏、商兩代的都城大多在今河南境內，西周營建成周雒邑作為統治東方的中心，東周遷都洛陽。東漢、曹魏和西晉建都洛陽，北魏遷都洛陽。隋唐以洛陽為東都。「五代」建都開封和洛陽，北宋以東京開封為都城。河南是全國建都朝代最多、時間最長的地區。都城是全國的政治中心，往往也是文化中心。許多政治、經濟、文化的改革都率先在河南地區進行，例如：春秋時期的子產改革、戰國時期的申不害變法、北魏孝文帝改制、北宋王安石變法。社會制度的變革促進了經濟文化的發展。

宋代以前中國的都城主要在洛陽、西安和開封之間遊移。都城建於洛陽、開封時，河南是京畿地區；都城建於關中時，河南是其東部屏障和咽喉要地，歷來為兵家必爭。顧祖禹《讀史方輿紀要・河南方域紀要序》中說：「河南，古所稱四戰之地也。當取天下之日，河南在所必爭。」數千年來河南地區發生過無數次戰爭和動亂，為社會帶來破壞。

河南是華夏部族和漢族的中心區，也是中國古代民族衝突、雜居和融合的重要地區。河南地區的民族融合，可分為先秦秦漢、魏晉隋唐和宋元明清三個階段。

史學家把上古民族分為華夏、東夷、苗蠻三個族團。蘇

二、政治樞紐與民族融合

秉琦〈關於仰韶文化的若干問題〉一文中說：「仰韶文化的廟底溝類型可能就是形成華族核心的人們的遺存，廟底溝類型的主要特徵之一的花卉圖案彩陶，可能就是華族得名的由來，華山則是可能由於華族最初所居之地而得名。」華族的中心區在河南與陝西、山西兩省交界地區，夏族的中心區則在伊洛平原和嵩山一帶。華夏部族建立夏王朝；商部族在漳河流域崛起，滅亡夏朝，建立商王朝；周部族在渭水流域強大，東下滅商，建立周王朝。夏、商、週三個部族在中原地區雜居融合，逐漸成為一體。春秋時期中原有許多少數民族居住，呈現出「戎逼諸夏」的局面。秦漢皇朝打破以血緣劃分的部落方國的藩籬，華夏部族融合進入中原的戎、蠻、夷、狄，形成漢民族，河南成為漢族的中心區。

西晉滅亡後，北方匈奴、鮮卑、羯、氐、羌等族紛至遝來，中原呈現胡、漢雜居局面。三個半世紀以後，進入中原的北方諸族實現了漢化和封建化。建都洛陽、開封的後唐、後晉、後漢的統治者鼓勵沙陀人與漢人通婚，學習漢族文化，促進了沙陀等族與漢族的同化與融合。

金滅北宋，始置屯田軍，女真、契丹、奚家自本部族故土徙居中原，與漢族雜處。他們和漢人通婚，改用漢姓並學習儒學，至元末已完全融入漢族。元朝統一全國後，大批蒙古、色目軍士遷入，「與民雜耕，橫亙中原」。明朝初期禁止

009

緒言

胡服、胡姓、胡語，留在河南的諸少數民族多變成漢人。清代不少滿族人士進入河南，漸與漢人融為一體。

三、繁榮的社會與經濟發展

中原地區氣候溫暖潮溼，土質疏鬆肥沃，中國的原始旱作農業在這裡出現，屬於粟作和稻作的交叉區。春秋戰國時期開始使用鐵器和牛耕，進入傳統農業階段。漢代土地普遍墾植，生產活動技術進步，成為糧食和絲麻的主要產區。隋朝至唐朝前期仍是全國糧食和桑蠶的首要產區。北宋農業仍有所發展，此後逐漸落後於江南地區。

中原手工業也很發達。夏、商、周三代冶銅鑄器成為重要生產活動門類，創造了輝煌的青銅文明。戰國時期冶鐵業迅速發展，至漢代領先全國。南北朝時期衛水、漳水流域是瓷器的重要產區。鞏義黃冶發現燒製唐代三彩陶的窯址。北宋全國有五大名窯，中原獨有其三。中原也是絲麻紡織品的重要產區，漢代全國設兩處服官，陳留郡襄邑（今睢縣）為其一。隋至唐前期，黃河南北是全國盛產絲織品的地區。北宋開封錦院所產絲織品和「蜀綿」並稱天下第一。

夏代中原商業萌生。春秋戰國時期周（今洛陽）人經商之風甚盛，鄭、衛兩國商業發達。西漢時期洛陽、宛縣（今南

陽）是全國著名的商業都市。東漢魏晉時期洛陽成為全國商業的中心。隋代洛陽豐都市有 120 行，3,000 多個店肆，盛唐時期洛陽人口已過百萬。北宋時期東京（今開封）人口逾百萬，店鋪密集，是世界上商業最發達的國際都會。

中原是全國經濟開發最早的地區，夏、商、周三代經濟發達。春秋戰國至西漢，中原所在的關東經濟區和關中經濟區同步發展，在全國處於領先地位。東漢至隋唐，關東經濟區獨占鰲頭。中原社會經濟的發展成為唐開元、天寶盛世的重要象徵。「安史之亂」使原本興旺發達的中原經濟一蹶不振，全國的經濟重心開始南移。北宋京畿、京西北路的經濟實力與河北東、西路不相上下，仍處於最發達的行列。及宋室南遷，全國經濟重心的南移完成。明代河南的經濟地位和品質都明顯下降。清代河南仍保持著傳統的自給自足生產活動方式，經濟起伏較大。

四、燦爛輝煌的文化傳承

從夏、商、周三代以迄北宋，中原文化開風氣之先，成為全國的首善之區，思想活躍、學術博深、文學繁榮、藝術多彩、科技先進、教育發達。

中原是全國最早興辦教育的地區，夏、商、周三代洛陽

緒言

等地辦有貴冑學校。春秋戰國時期私學興起。東漢洛陽太學是全國的最高學府。隋唐時期東都洛陽設國子監管理諸學。北宋東京開封國子監諸學和地方官學規範化、系統化，書院興起。教育的發達為文化的發展奠定了基礎。

中原地區數千年來出現許多思想家，都城洛陽、開封萃集全國學術菁英，形成博大精深的思想學術體系，是漢代儒學、魏晉玄學、隋唐佛學、宋明理學的發源地或中心區，在中國思想史上占有重要地位。西周初周公姬旦在洛陽制定禮樂制度，東周洛陽成為禮樂制度的淵藪。楚國苦縣（今鹿邑）人老子（李耳）是道家鼻祖，著《道德經》；宋國蒙（今商丘東北）人莊周，著《莊子》。墨家代表人物魯（今魯山，一說山東滕州）人墨翟長期在宋國活動，著《墨子》。法家申不害、商鞅、韓非都是中原人士。他們著書立說，相互爭辯，形成「百家爭鳴」的學術繁榮局面。西漢中原出現京房、戴德、戴聖等經學家和《京氏易》、《禮記》等著作。東漢洛陽是全國儒學教育和研究的中心，河南滎陽人服虔和開封人鄭興、鄭眾父子是當時著名的經學家。魏晉洛陽成為玄學中心，南陽人何晏和山陽高平（今山東微山西北）人王弼首倡玄風，陳留尉氏（今屬開封）人阮籍、譙國銍縣（今安徽濉溪西南）人嵇康繼之、河南郡（今洛陽）人郭象把玄學推向高峰。

東漢佛教傳入，魏晉高僧在洛陽翻譯佛經。隋唐洛陽佛教興盛，宗派形成。唐代河南緱氏（今洛陽偃師區南）人玄奘

四、燦爛輝煌的文化傳承

赴天竺（今印度）學習佛學，致力佛經翻譯和著述，開創唯識宗。懷州孟縣（今孟州）人韓愈反對佛教，倡導新儒學。北宋洛陽人程顥、程頤建立洛學、奠基理學，後經南宋朱熹的發展，形成完備的理學體系，在元、明、清三代的思想學術中居統治地位。

中原史學、地理學、文字學等都有顯著成就。《漢書》、《三國志》、《東觀漢記》、《資治通鑑》在洛陽撰成。潁川潁陰（今許昌）人荀悅的《漢紀》、陳郡陽夏（今太康）人袁宏的《後漢紀》和相州（今安陽）人李延壽的《南史》、《北史》，都是重要的史學著作。汝南召陵（今漯河市召陵區）人許慎的《說文解字》是一部文字學鉅著。

中原文壇作家輩出，作品異彩紛呈。《詩經》篇章多出自中原。《老子》、《莊子》、《韓非子》代表著先秦散文的最高成就。賈誼、晁錯的政論文「皆為西漢鴻文」，司馬相如的〈子虛賦〉、賈誼的〈弔屈原賦〉、張衡的〈二京賦〉等則為辭賦的名篇。魏晉詩歌創作興盛，「建安七子」中的阮瑀、應瑒是中原作家，阮籍擅名正始文壇，潘嶽的詩作辭采華麗。曹植的〈洛神賦〉膾炙人口，左思的〈三都賦〉使洛陽紙貴。隋唐中原詩歌、散文創作成就輝煌。河南鞏縣（今鞏義）人杜甫被稱為「詩聖」，詩作有「史詩」之譽。河南福昌（今宜陽三鄉）人李賀、懷州河內（今沁陽）人李商隱都是著名詩人。韓愈是古文運動的領袖，散文名列「唐宋八大家」之首。明清何

013

緒言

景明、王廷相和侯方域的文學成就值得稱道。

中原藝術絢麗多彩，在書法、繪畫、音樂、舞蹈、石刻造像和建築藝術方面均取得輝煌成就。書法源遠流長。商代甲骨文字娟秀瘦挺，秦上蔡人李斯的篆書「畫如鐵石，字若飛動」，漢陳留圉縣（今杞縣南）人蔡邕以隸書擅名，三國魏潁川長社（今長葛）人鍾繇是楷書的開創者，北朝魏碑體魄力雄強、骨勢峻邁，宋徽宗的瘦金體俊逸絕倫，清初河南孟津人王鐸有「神筆」之譽。洛陽、永城、新密等地漢墓壁畫和南陽、鄭州等地的畫像磚石十分精美。唐汝州陽翟（今禹州）人吳道子擅繪佛道人物，人稱「畫聖」。鄭州滎陽人鄭虔和寓居濟源的荊浩善畫山水。北宋開封翰林圖畫院繪畫高手萃集，〈清明上河圖〉等堪稱國之瑰寶。夏、商、周三代中原地區宮廷樂舞典雅優美，春秋時期鄭、衛之音特色獨具，東漢至北宋洛陽、開封的宮廷雅樂，汲取西域和高麗的樂舞，形成豐富優美的樂舞藝術。清代以降，豫劇、越調、曲劇長盛不衰。洛陽、開封的宮殿、佛道、園林建築佈局嚴整，巧奪天工。

中原地區科技人才輩出，發明創造頗多。中國最早的曆法《夏小正》出現於中原地區。戰國時魏國人石申著有《天文星占》。東漢南陽西鄂（今南陽市北石橋）人張衡在洛陽主持天象觀測和編訂曆法，製造渾天儀，著《靈憲》。戰國墨家弟子對數學、物理學進行了開創性研究。東漢南陽郡（治今南

陽市）人張仲景著《傷寒雜病論》，為中國醫學發展開闢了道路。北宋開封祥符（今開封）人丁度編撰的《武經總要》、鄭州管城（今鄭州）人李誡撰寫的《營造法式》、明代懷慶河內（今沁陽）人朱載堉發明的「十二平均律」、清代光州固始（今屬信陽）人吳其濬的《植物名實圖考》，都影響深遠。

五、歷史的發展軌跡

回顧悠久的河南歷史，可以用輝煌、衰頹、沉淪、崛起幾個階段來概括。

距今六、七十萬年前，中原地區就有原始人類活動，創造了豐富的舊石器文化。新石器時代先後出現裴李崗文化、仰韶文化，先民由蒙昧、野蠻向文明邁進，至龍山文化時期華夏部族在中原崛起，出現早期國家，進入早期文明階段。

夏代中國出現廣域王權國家，進入王國階段，偃師二里頭遺址是夏朝中後期的都城。商代創造了輝煌的青銅文明，出現成熟的文字——甲骨文及金文。鄭州商城、偃師商城和安陽殷墟都是商代都城。西周營建成周雒邑（今洛陽）作為統治關東廣大地區的中心，中原經濟文化高度發展。周公在洛陽制禮作樂，奠定了中國傳統文化的初基。

周平王遷都雒邑，中國歷史進入春秋戰國時期，中原是

緒言

春秋五霸、戰國七雄角逐的重要戰場。鄭國和魏、韓兩國相繼進行政治經濟改革,逐漸邁入封建社會的門檻,學術上呈現百家爭鳴局面。

秦漢時期實現國家的真正統一,中央集權制的封建國家建立,中國歷史進入帝國階段。中原為秦漢皇朝腹里,地位重要,關東經濟區與關中經濟區聯成一體。東漢王朝建都洛陽,中原成為畿輔,經濟文化領先全國,洛陽經學興盛,佛教傳入,道教形成。

曹魏、西晉仍建都洛陽。曹魏屯田與興修水利使遭受破壞的中原經濟得以恢復發展,十六國時期戰亂頻仍,經濟受到嚴重破壞,北魏又有所恢復。北方少數民族進入中原,與漢族發生激烈衝突,導致民族的大流徙。中原漢人南渡江淮,留下來的漢人與胡人雜居共處,實現民族融合。中原文化吸收北方草原文化的因素,具有多元性與融合性特點。

隋唐皇朝以洛陽為東都,洛陽是南北大運河的中心,也是歐亞絲綢之路的東端起點,中原社會經濟高度發展。「安史之亂」使中原經濟遭受嚴重破壞,成為中國經濟重心南移的開端。中原文化繼續吸收著全國各地乃至西域的文化因素,呈現出昌盛的局面。

北宋時中原的經濟發展以及文化皆處於巔峰狀態,東京開封是全國政治、經濟、文化的中心。北宋末的「靖康之亂」

導致宋室南遷,中原地區經濟從此一蹶不振,全國的經濟重心完全移向江南,成為河南歷史的一個重要轉捩點。元、明、清時期,河南淪為普通省分,經濟文化發展緩慢,輝煌不再。明朝後期江南地區資本主義開始萌芽,河南省仍是自然經濟的一統天下,文化方面雖也有令人矚目的成就,但難以彌補整體頹勢。

鴉片戰爭後中國逐漸淪為半殖民地半封建社會。中日甲午戰爭以後,帝國主義經濟侵略的魔爪直接伸入河南,帶給河南的經濟和社會生活廣泛而深刻的影響。20世紀初,河南的工業崛起,成為新的生產活動力和生產活動關係的代表。但由於以地主階級土地占有制為基礎的封建農業和以耕織結合為特徵的自然經濟比較強固,河南在近代化的浪潮中步履蹣跚。

第一章　原始社會

　　勞動和自然界一起才是一切財富的泉源，自然界為勞動提供材料，勞動把材料轉變為財富……勞動創造了人本身。

　　氏族是以血緣為基礎的人類社會的自然形成的原始形式。氏族，直到野蠻人進入文明時代為止，甚至再往後一點（就現有資料而言），是一切野蠻人共有的制度。

　　　　　　——弗里德里希・恩格斯（Friedrich Engels）

第一章　原始社會

　　史學界把沒有文字記載的人類歷史稱作史前史，把史前社會形態稱作原始社會。原始社會是一個共同勞動、共同享受勞動成果、人人平等的原始共產主義社會，也是一個經濟與社會發展程度低下、社會成員處於蒙昧和普遍貧困的初級社會形態。考古學家依照人類使用生產工具的性質，把史前史分為舊石器時代和新石器時代兩個階段。舊石器是以打擊的方法製作的石器，新石器是指磨製的石器。

　　中原地區是中國遠古人類起源的一個重要地區，舊石器文化遺存豐富。新石器時代有裴李崗文化、仰韶文化和龍山文化序列。中原在仰韶文化中後期開啟文明進展，龍山文化時期進入早期文明階段。

第一節　早期人類的演化與舊石器時代

一、古人類的出現及演化

　　古人類由類人猿進化而來。在由猿到人的演變過程中，手足分化、直立行走和製造工具最為重要。猿人把堅硬的石塊用打擊的方式做出薄邊和尖端，製成粗糙的石器，成為勞動的開端。勞動不僅製造了工具，也創造了人類自身。

第一節　早期人類的演化與舊石器時代

距今約 200 萬年，人類進入舊石器時代。猿人以打製石器為主要工具，並開始使用火，過著採集和狩獵生活。距今約 200 萬至 20 萬年為舊石器時代早期，距今約 20 萬至 5 萬年為其中期，距今約 5 萬至 1 萬年為其晚期。

舊石器時代早期的人類稱「直立人」或「猿人」。考古工作者在三門峽一些地點採集到早期直立人使用的石器。在南召縣雲陽鎮杏花山第二階地的砂質黏土層中發現一枚右下前臼齒，稱「南召猿人」；在欒川縣孫家洞遺址出土 6 件古人類化石和四枚牙齒，稱「欒川人」，還有「淅川人」，時間距今約五、六十萬年，顯示晚期直立人已在豫西生活。

舊石器時代中期的人類是早期智人。在盧氏縣橫澗鄉鋤溝峪劉家嶺發現距今約 10 萬年的 4 塊人頭骨殘片和 2 枚牙齒化石，稱「盧氏人」。

許昌靈井遺址出土 16 塊古人類頭骨斷片，復原後成為一個較完整的頭蓋骨化石，後又出土一個較完整的古人類頭骨、其他個體的頭骨碎片與 2 塊古人類肢骨化石，稱「許昌人」，距今 10 萬年前後。這一時期石器形狀較有序，類型較確定，種類有所增加，顯示生產力程度提高。

舊石器時代晚期的人類是晚期智人。他們能用間接打擊和壓製法製造加工石器，石器種類多樣化，有刮削器、尖狀器、雕刻器、錐或鑽等，出現細石器和箭頭。安陽小南海洞

穴遺址出土細石器 7,000 餘件。許昌靈井西側的一處文化遺存採集到兩段人類股骨化石，形態介於智人與新人之間。他們已掌握穿孔技術，主要生產工具的功能、效率明顯改進。鄭州老奶奶廟遺址出土大量石製品和動物骨骼，發現多層疊壓、連續分佈的古人類居住面，早期聚落萌芽。魯山仙人洞遺址發現的距今約 3.2 萬年的早期現代人頭骨化石，是河南已知年代最早的現代人化石。

「許昌人」頭蓋骨化石

■ 二、舊石器時代的群體生活

舊石器時代人類在洞穴中居住，使用打製石器進行生產活動，靠獵取動物、捕撈魚蝦和採集野生植物果實，維持低品質的生活。在生產工具十分簡陋的情況下，與惡劣的自然環境和兇猛的野獸進行對抗，不得不依靠群體力量，共同勞動、共同生活。這種十幾人、數十人結成的群體稱作「原始群」。

第二節　新石器時代的演進

舊石器時代末期人們從穴居和採集狩獵、馴化動植物，到嘗試穀物栽培和牲畜飼養，走向農耕聚落，社會逐漸由舊石器時代過渡到新石器時代。

第二節
新石器時代的演進

距今 1 萬多年前，人類進入河谷平原，開始修建房屋，使用磨製石器並製造陶器，並從事穀物種植和家畜飼養，從而步入新石器時代。中原農業在新時代早期產生並初步發展，粟黍作與稻作的混合農業在中晚期形成，並逐漸取代採集和狩獵，成為經濟生活的主體。農業的起源和定居聚落的出現，是農業部族走向文明的起點。

一、裴李崗文化

新石器時代早期距今約 1 萬至 7,000 年，中原地區有李家溝文化與裴李崗文化分佈。

在新密李家溝遺址發現距今約 10,500 至 8,600 年的文化堆積，上部出土有粗夾砂陶和石碾盤，顯示磨製石器逐步代替打製石器，農業剛剛出現，作物栽培與狩獵並行，有相對穩定的棲居形態，屬於新石器時代早期早段文化。

第一章　原始社會

　　裴李崗文化距今約 8,500 至 7,000 年，主要分佈在豫西山地東部邊緣的丘陵地帶以及豫中、豫南平原，是新石器時代早期晚段的文化，新鄭裴李崗遺址和舞陽賈湖遺址最具代表性。

　　裴李崗文化時期中原農業有所發展，農具有砍伐用的石斧、翻土用的石鏟、收割用的石鐮、石刀以及加工穀物的石碾盤、棒。裴李崗遺址發現密集的炭化粟（黍）顆粒，賈湖遺址發現栽培粳稻種子，表示糧食種植已占主導地位，也從事狩獵、採集和家畜飼養。原始手工業以製造石器、陶器及骨器為主。石器大多表面略加打磨。陶窯結構簡單，陶器為手製，鬆軟易碎。聚落可分為居住區、儲藏區和墓葬區，房屋多為圓形半地穴式，部分房址具有向心式和環壕佈局的特徵。新密莪溝遺址發現的 6 座房屋作環形佈局，中間為廣場，是母系氏族社會聚落佈局的傳統形式。公共墓地多長方豎穴土坑墓，無葬具、陪葬品少。

　　這一時期社會處於母系氏族階段。氏族是最基本的單位，若干個近親氏族結合成部落，選舉年長、能力強、有威信的人擔任首領。內部保持著嚴格的母系血緣關係，女性受尊敬，子女知其母不知其父。

第二節　新石器時代的演進

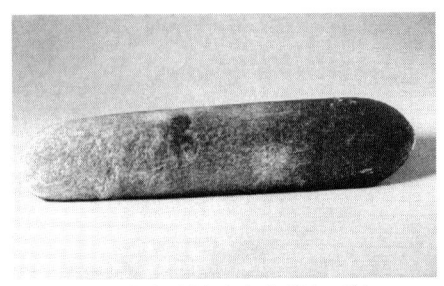

新鄭裴李崗遺址出土翻土石鏟

二、仰韶文化

距今約 7,000 至 5,000 年，中原地區處於新石器時代中期，就是仰韶文化時期。仰韶文化最初發現於澠池縣仰韶村，在黃河流域廣泛分佈，僅河南省就發現 3,000 多處。

仰韶文化早期原始農業進一步發展，聚落擴展、完善與內聚，盛行聚族而葬和同性合葬，數百人埋在一個公共墓地，排列有序，各墓規模和陪葬品差異不大。

仰韶文化中期又稱廟底溝期，是仰韶文化的繁榮期。廟底溝類型文化因三門峽廟底溝遺址而得名，豫西及豫中遺址分佈稠密。這一時期農具改進，生產活動規模增大、效率提高。陶坯用泥條盤築，慢輪修整，器壁勻實，造型有序，彩陶發達。仰韶文化晚期石鏟向扁薄發展，開始進入鋤耕階段，粟、黍、大豆及水稻大量種植，收割工具陶（石）刀的比例增加，農業生產活動成為經濟生活的主體。石器普遍通體

第一章　原始社會

磨光，鑽孔增多；陶窯改進，陶器種類、顏色和質地多樣化。在南陽黃山遺址發現多座玉石器作坊遺址。在鞏義雙槐樹遺址發現大量農作物遺址和正在吐絲狀態的牙雕家蠶，連同周邊遺址發現的農業和絲綢實物，顯示較為完備的農桑文明已經形成。

隨著社會生產力的快速發展，生產活動關係出現變化，社會結構也發生變革。仰韶中期聚落擴大、稠密並出現分化，形成聚落群與中心聚落。靈寶鑄鼎原聚落群發現19處遺址，最大的北陽平遺址近100萬平方公尺，次等的西坡遺址約40萬平方公尺，東常遺址約12萬平方公尺，其他僅幾萬平方公尺。西坡遺址發現10多座大型半地穴式房屋基址，最大的占地516平方公尺，有主室和迴廊，具有殿堂性質，應當是部落或大規模的社會組織的公共活動場所。仰韶晚期聚落分化更為明顯，中心聚落的核心地位更加突出，與其他普通聚落形成主從關係。鞏義雙槐樹遺址有「河洛古國」之稱，是仰韶文化中晚期具有最高規格和都邑性質的中心聚落。殘存面積117萬平方公尺，有三重大型環壕和具有極強防禦功能的圍牆和門道，大型中心居址和夯土基址，大型公共墓地，表示它已經產生一整套基於社會階層分化的政治制度。距今約5,300至4,800年的鄭州西山古城現存半圓形夯土城牆，有壕溝環繞，發現城門基址和道路。

第二節 新石器時代的演進

三門峽廟底溝遺址出土彩陶盆

中心聚落期是父權家族確立、文明起源跡象出現的時期。鄭州大河村遺址仰韶三期有 16 座地面上建築房基,東西成排,有單人房、雙人房或四人房,迎門處或房角築有燒火臺,成為獨立生活的空間。一大排房屋可視為一個大家族,其中分為若干大家庭,每一大家庭居住在兩三間連在一起的小排房和鄰近的單人房內。分間式房屋是適應以父系為基礎、經濟相對獨立的對偶制核心家庭而建,既反映著社群群體觀念,也體現了家庭的分化。

墓葬的規格也是社會組織的物化表現。靈寶西坡墓地發掘的 34 座墓葬可分為四級,但幾乎每座墓都有玉鉞,陪葬品差別不突出。大墓墓壙闊大,但沒有奢華的陪葬品和濃厚的宗教氣氛。仰韶晚期氏族公共墓地減少,墓葬排列雜亂,陪葬品多寡明顯。有些大墓有一、二百件陪葬品,而小墓僅少數品質低劣的陪葬品。出現夫妻合葬,是家庭經濟鞏固的表現。

仰韶文化中晚期是文明起源開始並逐漸步入初始文明的階段。這一時期中原農業與畜牧業明顯發展，聚落群與中心聚落出現，氏族成員貧富分化和不平等擴大，私有制繼續發展，社會組織以男性為主導，出現都邑性聚落和集體防禦設施——城，部落聯盟過渡為早期國家，進入早期中國的古國時代。

三、龍山文化

距今約 5,000 至 4,000 年，黃河流域分佈著龍山文化，這一時期也稱龍山時代。河南境內的龍山文化稱作「河南龍山文化」。距今約 5,000 至 4,600 年屬於龍山時代早期，中原地區的文化是「廟底溝二期文化」。距今約 4,600 至 4,300 年屬於龍山時代中期，也是繁榮期，其文化遺存可分為王灣、三里橋、後崗、楊莊、造律臺等類型。距今約 4,300 至 4,000 年屬於龍山時代晚期，文化遺存分為煤山類型和白營類型。

龍山時期農具改進，出現翻土工具耒耜，石刀、蚌鐮鑽孔可束在手上或附柄使用。粟、黍、稻、大豆和小麥等多品種農作物種植制度形成，豬、雞、狗、羊、牛、馬等「六畜」數量增加。手工業從農業中分離出來。登封王城崗遺址發現專門石器作坊，表示當時存在由某些家族承擔的專業化生產活動。陶坯半數為快輪製造，形體有序精細。陶窯底部火道火孔增多，陶坯受熱均勻，採用窯口封閉飲水技術。金屬冶

第二節　新石器時代的演進

鑄分為冶煉和熔鑄兩個工藝過程。銅器多為純銅與鉛、錫合金，硬度高、熔點低、易冶煉鑄造，已掌握複合範技術。銅器的出現使生產力明顯提高。

聚落規模擴大，房屋排列密集，建築形式多樣。葬制大致分為零星墓葬、亂葬和兒童甕棺葬三種。大墓和小墓差別明顯，陪葬品多寡懸殊。有的隨葬豬下顎骨作為墓主私有財產的象徵，零星小型豎穴土坑墓無葬具，一般無陪葬品。孟津小潘溝遺址墓葬中有人腹部或腰以上骨架全無；有人側身屈肢，雙手舉於頭部兩側，當為打殺致死。這些現象說明，社會已出現奴隸、自由民和貴族，不平等關係帶有暴力色彩。

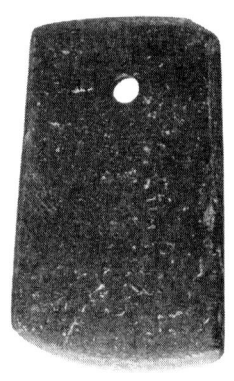

輝縣孟莊出土穿孔石鏟

迄今河南省境內已發現龍山時代城址 14 處，當時的中原可謂邦國林立。淮陽平糧臺城址是一處中軸對稱、佈局方正、規劃嚴整的高等級史前城址。平面呈正方形，四座城門對稱分佈，南門設東西相對兩間保全房，通道狹窄，防衛嚴密。一條南北走向的道路成為城址的中軸線，早期路面發現有雙輪車轍痕跡，陶排水管道與排水溝連通構成排水系統，已發掘的十幾座房基為土坯砌築的分間式建築。西北部面積較大的高臺建築基址當為宮殿建築。城內發現陶窯和銅煉渣，出土玉器、陶器等一系列反映多元文化影響的高等級器

第一章　原始社會

物，展現了中原龍山文化相容並蓄的特質。平糧臺城址已具備早期城市的基本要素：全城有統一的規劃，具有防禦功能、有必要的市政建設；城址內有夯土建築的宮殿臺基遺存，是君權的物質載體，反映了強制性權力機構的存在；有較大規模的手工業生產活動，高等級手工業製品的生產活動和分配為貴族控制。發達的手工業作坊是技術進步、生產力發展的表現。都邑型城市成為當時的政治、經濟和文化的中心。龍山時代生產工具仍以石器為主，小件銅器出現。社會出現明確的分工，貧富分化加劇，大多數成員地位下降，貴族階層地位提升，出現貴族墓地和大型墓葬，暴力與戰爭成為較普遍的社會現象。城邑與國家的初始形態——邦國的出現，象徵著國家形成和文明時代的到來。

西元前 2500 年至西元前 2000 年，持續的氣候變遷與洪水災害對中國文明起源產生重要影響，這導致一些地區的史前文化日趨衰落。中原地處「天下之中」，具有汲取周邊文化養分的地緣優勢；華夏文化本身不尚浮華，強調王權而不過分渲染宗教的神力，不故步自封而樂於汲取周圍地區的優秀成果，得以持續發展。龍山時代中後期，中原地區的力量逐漸加強，周邊先進的文化因素向中原匯聚，社會發展的重心已經轉移到河南西部的王灣文化，在登封王城崗和新密古城寨等一系列遺址出現大型夯土建築基址。以豫西、晉南為中

心的華夏早期文明輻射四方的廣域共同體逐漸形成，最終成為「多元並進，中原領先」的發展格局。

第三節 遠古傳說與原始社會

中原地區古代遺留下來許多神話傳說，包括創世造人神話、三皇五帝和河圖洛書的傳說，為人們探討原始社會的狀況提供了不可或缺的線索。

一、三皇傳說

古人多以燧人、伏羲和神農為「三皇」，其傳說反映了舊石器時代晚期和新石器時代早期的某些社會特徵。起初人們只能使用天然火，相傳燧人氏發明「鑽燧取火」，它屬人工取火。商丘有燧人氏陵。伏羲氏「作結繩而為網罟，以佃以漁」，與舊石器時代晚期的漁獵經濟相應。他又「畫八卦，造書契」，是精神文化的創造者。伏羲都陳（今周口淮陽區），在洛汭祭天，他的女兒伏妃在洛水上遊玩溺死，成為洛水之神。神農氏也都於陳，他「斫木為耜，揉木為耒」，教民稼穡，是農耕的發明者。

二、五帝傳說

司馬遷的《史記》以黃帝、顓頊、帝嚳、堯、舜為「五帝」。中原地區有許多關於「五帝」的傳說。黃帝是中華民族的人文始祖。「黃帝都有熊，今河南新鄭是也。」、「黃帝採首山銅，鑄鼎於荊山下」，靈寶陽平有黃帝鑄鼎原。黃帝時設「陶正」管理陶器生產活動，又作弓弩，以玉為兵器，大體與仰韶文化中晚期的社會狀況相同。顓頊都帝丘（今濮陽），曾「絕地天通」，實行原始宗教改革。帝嚳「都亳（今偃師）」，內黃有顓頊、帝嚳二帝陵。帝堯晚年曾「祭於洛」，到伊洛平原活動。帝舜早年曾「就時於負夏」，「販於頓丘」，在今安陽、濮陽一帶活動。「崇伯鯀」是崇國的君主。「崇」就是嵩山，在今登封一帶。鯀「作城郭」，又奉命治理洪水，失敗被殺。鯀之子禹繼承父業，治水成功，被封為夏伯。舜晚年要禪位於禹，禹避舜之子商均於陽城（今登封告成）。中原還有丹朱之國，在今南陽丹江流域，是帝堯之子丹朱的封國。炎帝和五帝的後裔為爭權奪利，不斷引發戰爭。炎帝之後共工在輝縣一帶活動，曾「與顓頊爭為帝，怒而觸不周山」。顓頊之後裔祝融則在嵩山一帶活動。

三、河圖洛書的傳說

傳說伏羲時黃河中躍出一匹龍馬，背上有規則地排列著圖形，就是「河圖」，伏羲據此創畫八卦；大禹時洛河裡爬出

一隻神龜，背上也有規則地排列著圖形，就是「洛書」，大禹據此創製《九疇》。據說孟津縣老城西北的黃河岸邊為「河出圖處」；洛寧縣長水鎮附近玄滬河和洛河的交會處為「洛出書處」。《易傳・繫辭上》記載「河出圖，洛出書，聖人則之」。先秦文獻多認為河圖洛書是祥瑞之兆。

第四節
早期精神文化的萌芽

原始社會後期，文字逐漸形成，原始宗教產生，藝術起源、科學技術萌芽。

一、文字的起源與發展

文字是記錄語言和思維的符號，是人類進行思想交流、記事備忘、抒情達意的手段。傳說文字是黃帝史官倉頡創造。南樂縣有倉頡陵。文字並非一人一時所創造，而是人們在生產活動與生活中不斷觀察和創造，長期累積而成。最初的文字是書契。舞陽賈湖遺址出土龜甲上的契刻很像「目」、「戶」、「日」等字。鄭州大河村等仰韶文化遺址出土的陶片上繪寫或刻劃多種符號。登封王城崗出土一件泥質黑陶缽的外底刻劃有一個「共」字，字形結構與甲骨文相似，當為成熟文字出現的前奏。

二、原始信仰與宗教活動

新石器時代，先民產生神靈、祖先崇拜，並從事祭祀、占卜。傳說顓頊在位時「家為巫史」，原始宗教興盛。鞏義雙槐樹遺址發現祭祀臺遺跡。杞縣鹿臺崗龍山文化晚期1號基址當為祭祀天地神的遺址，2號基址應為祭祀社神的遺跡。登封王城崗遺址夯土建築遺跡下面發現奠基坑，埋青年女性、成年男性和兒童。舞陽賈湖遺址墓葬出土加工過的龜甲，內裝數量不等的石子，湯陰白營龍山文化早期遺存有兩片卜骨，顯示當時已有用甲骨占卜的習俗。仰韶文化彩陶所繪魚紋和蛙紋代表女性生殖器，汝州中山寨、北劉莊遺址發現陶祖，汝州洪山廟1號墓三座成年女性甕棺上繪有男性生殖器圖案，反映當時人們的生殖崇拜。

三、藝術的誕生

人類早期的藝術活動伴隨著人類物質活動和精神活動的實踐而產生和發展。音樂和舞蹈是人們在勞動中表達思想、交流情感的產物。音樂起源於對天籟之聲和動物叫聲的模仿。《世本·作篇》載：「伏羲作瑟，神農作琴，女媧作笙簧，夷作鼓，伶倫作磬。」舞陽賈湖遺址出土的20多支骨笛是迄今世界上發現的最早樂器實物，說明音樂已出現。舞蹈的起源是對於自然物及人自身勞動動作的模仿。《呂氏春秋》說：

第四節　早期精神文化的萌芽

「昔葛天氏之樂,三人操牛尾,投足以歌八闋。」據說伏羲時有一種表現用網罟捕魚情形的舞蹈〈鳳來〉(一作〈扶來〉),黃帝時的樂舞有〈扶犁〉、〈雲門大卷〉、〈幹鏚〉。汝州閻村仰韶文化遺址出土陶缸上的鸛魚石斧圖是中國最早的繪畫作品。新鄭具茨山及林州的山岩上發現巖畫。許昌靈井遺址出土一件距今1萬多年的鹿角雕刻的小鳥,新鄭裴李崗遺址出土有陶塑豬、羊頭,新密莪溝遺址出土有陶塑人頭像。

汝州閻村遺址出土鸛魚石斧圖彩陶缸

四、科學技術的初步探索

由於農業生產活動和日常生活的需要,人們不斷觀察日、月、星辰的運轉和天體的變化。在濮陽西水坡仰韶文化遺址,一男性屍骨兩側出土一組蚌殼堆塑龍虎,代表北斗星的影像;滎陽青臺和鞏義雙槐樹遺址發現用陶罐擺放的「北

第一章　原始社會

斗九星」遺跡；鄭州大河村遺址的彩陶上有天象紋飾。人們能把黏土淘洗、成型放入窯中燒烤變成堅固耐用的陶器，說明已具有一些化學知識。人們知道銅塊加熱可變成液體，冷卻後又變成堅硬可成形的器物，是對銅的物理屬性的認知。人們已經掌握了一些製陶、冶金、建築技術。龍山時代陶坯廣泛採用輪制，開創了用機械替代手工進行生產活動的先例，採用碳素還原的技術燒製黑灰陶。採用坩堝冶煉金屬，懂得利用一定比例的銅、錫、鉛冶煉出比純銅效能優越的合金，器物鑄造掌握了合範技術。建築技術明顯提高，發明夯築，土坯牆出現，地面和牆壁塗抹石灰光滑堅硬。

讀史益智

■ 人是從哪裡來的

世界上先有雞，還是先有蛋？人是從哪裡來的？這些是常常令人費解的問題。

中國歷來有「女媧造人」的傳說。一說世界上最早只有伏羲和女媧兄妹二人，他們結為夫妻，生子女，形成人類。一說女媧搏土造人。女媧首先用手捏泥巴造人，但是速度太慢，改為用一根樹枝蘸上泥巴甩動，落到地上的泥巴點都變成了人。

到了近代，人們懂得生物進化理論，才知道人是由類人猿進化而來。從猿到人經歷了數百萬年的漫長歲月。類人猿首先學會直立行走，從而使手和腳分開。學會用手製造石器、木棒等簡單工具，這是最早的勞動。又學會使用天然火，用以抵禦嚴寒、嚇阻猛獸，也可以熟食，使身體健康、活化大腦。人類進化經歷了直立人（猿人）和智人兩個大的階段，智人的進化又分為古人、新人和現代人三個階段。

史林折枝

河洛古國

鞏義雙槐樹遺址是黃河流域新發現的仰韶文化中晚期規模最大的核心聚落。它的發現填補了中原文明起源關鍵時期、關鍵地區的關鍵資料，被有關專家命名為「河洛古國」。

遺址中發現的大型建築群，已初具中國早期宮室建築的特徵。比如其「品」字形佈局、「一門三道」的宮殿形制，在二里頭、偃師商城等後期遺址中多次發現，堪稱古代宮殿的鼻祖；而大型中心居址建築前兩道圍牆、兩處錯位不直的門道和加厚圍牆的設計，具有極強的防禦色彩，可能是中國古代最早甕城的雛形。

發掘出的夯土祭臺遺跡是仰韶文化遺址中的首次發現，

第一章　原始社會

有利於開展與紅山文化、良渚文化等周邊區域在祭臺文化以至高層次禮儀制度方面的比較研究。值得一提的是，雙槐樹遺址發現大量農作物遺存和正在吐絲狀態的牙雕家蠶，連同其周邊遺址發現的農業和絲綢實物等，充分證明5,300年前中原地區已經形成較為完備的農桑文明。

第二章　夏商西周時期

　　中國政治與文化之變革，莫劇於殷、周之際。周人制度之大異於商者，一曰「立子立嫡」之制，由是而生宗法及喪服之制；並由是而有封建子弟之制，君天子臣諸侯之制；二曰廟數之制；三曰同姓不婚之制。此數者，皆周之所以綱紀天下。其旨則在納上下於道德，而合天子、諸侯、卿、大夫、士、庶民以成一道德之團體。周公製作之本意，實在於此。

—— 王國維

第二章　夏商西周時期

西元前 2000 年前後，中原地區因多樣性的地域特點和多品種作物種植制度的形成，社會經濟發展，夏王朝在此建立，歷史進入王國階段。夏後期商國在漳水流域崛起，商王湯出兵滅夏，建立商王朝。商後期，奠都關中的周國漸漸強大，周武王出兵伐紂滅商，建立周王朝。中原是夏、商的畿輔地區，西周時雒邑（今洛陽）成為統治關東廣大地區的中心。三代屬於銅器時代，禮樂制度逐漸完備，中原是華夏青銅、禮樂文明的核心地區。

第一節 夏朝時期的中原

■ 一、夏王朝的建立與變遷

夏朝（約西元前 21 世紀至西元前 16 世紀）是中國歷史上第一個奴隸制王朝，今豫西、晉南地區是夏朝的中心區。

約西元前 2070 年，禹子啟登夏王位，都夏邑（今禹州），夏朝建立。

禹州瓦店遺址面積約 45 萬平方公尺，有大型建築基址、奠基坑、夯築祭祀臺、人工環壕和祭祀遺址，可能是啟都夏邑。啟死子太康即位，遊樂無度，政權被東夷首領後羿奪取，史稱「太康失國」。太康之姪相被東夷人殺害，相妻後緡

逃奔有仍氏（今山東濟寧），生少康。少康成人後，聯合夏族勢力擊滅東夷寒浞，恢復夏國。當時生產活動發展，國力增強，史稱「少康中興」，奠定約 200 年的政局穩定局面。夏末王桀暴虐奢侈，社會衝突矛盾不斷，夏朝被商國滅亡。

夏朝屬於廣域王權國家，由多層次政治實體和多部族共同體構成。夏王直接統治著王邦夏，間接支配著屬國及東夷等族邦。屬邦要向夏王繳納貢賦，履行藩屏王邦、守土衛疆的責任和義務。夏王是「天下共主」，王位世襲，開創了王朝時代。

二、新砦遺址與二里頭文化

河南龍山文化晚期遺存為夏代早期文化；嵩山東麓的新砦二期文化遺存和豫西、晉南的二里頭文化遺存，屬於夏代中、晚期文化。

新砦期遺存以新密新砦遺址而得名。新砦遺址面積逾 100 萬平方公尺，是一處設有外壕、城壕、內壕三重防禦設施、中心區有大型建築的城址。其二期遺存包括居住遺跡和陶窯，出土銅容器碎片、殘玉璋等大量文物。同類遺存還有鄭州東趙、鞏義花地嘴遺址等。

二里頭文化因偃師二里頭遺址而得名。二里頭遺址面積約 300 萬平方公尺，年代在西元前 1750 至西元前 1530 年，可分為四期，第二、三期為興盛期。中心區分佈著宮城和大

型宮殿建築群，外圍有「井」字形主幹道網。祭祀區、貴族聚居區拱衛在宮城周圍，官營手工業作坊區位於宮城近旁。宮城呈長方形，有城牆環繞，發現10多處宮殿基址。1號基址面積1萬平方公尺，有殿堂、門廳，四周圍牆高聳，牆內外建有迴廊，建築氣勢宏偉，巍峨壯觀。2號基址面積略小，也有殿堂、塾房、圍牆、迴廊與庭院，結構有序，可能是宗廟建築。二里頭遺址的多網格式結構佈局開啟了中國古代帝王之居「建中立極」的建都模式。

　　二里頭遺址有城市主幹道網、宮城、大型四合院宮室建築群、多進院落和大型宮殿建築，是中國最早且具有明確都市計畫的大型都邑。其方正有序的宮城，帶有明確中軸線的建築群格局，以及大型宮殿建築的規模和結構，顯現出王都所特有的氣勢。河南境內的二里頭文化城址還有滎陽大師姑、鄭州東趙、新鄭望京樓、平頂山蒲城店、輝縣孟莊等。

　　二里頭文化遺址發現有銅渣、陶范殘片和坩堝殘片，說明出土的青銅器是由當地生產。青銅器種類有工具和武器、容器、樂器以及裝飾品。二里頭青銅容器是迄今發現的中國最早的成組青銅禮器。青銅禮器、儀仗兵器廣泛用於祭祀、宴樂、喪葬等禮儀活動，被賦予溝通人神、象徵權力與地位的特殊內涵，玉質禮兵器也融入了濃郁的王權等級色彩。

第一節　夏朝時期的中原

　　二里頭都邑與二里頭文化的出現，顯示當時的社會已進入廣域王權國家階段。二里頭文化象徵著中華文明由「多元化」的古國文明走向「一體化」的王朝文明，具有劃時代的意義。二里頭文化確立的各種制度開啟了夏、商、周三代文明制度的先河。夏代後期中原地區形成了更為成熟的文明形態，並向四方輻射文化影響。四川三星堆遺址不斷出現鑲嵌綠松石銅牌飾、玉戈、玉璋等，顯示二里頭文化因素對它影響極大。中原王朝的禮制和權威不同程度地得到人們接受，分散的地域文化被以二里頭文化為主的統一融合趨勢所代替。中原地區成為多元一體格局的核心和中華文明的引領者。

偃師二里頭遺址出土乳釘紋銅爵

第二節
商朝時期的中原

一、商王朝的興盛與滅亡

商族的始祖契因佐禹治水有功被封於商。商先公先後8次遷徙，大抵不出今豫北、豫東、冀南、魯西。分佈於冀南、豫北的下七垣文化，包括安陽鄣鄧遺址和鶴壁劉莊墓地，是夏代商族的文化遺存。夏末商國君主成湯遷都亳（今商丘南），國力逐漸強盛。

約西元前1600年，商湯出兵滅夏，建立商王朝，遷都夏中心區，仍稱亳（今偃師，一說鄭州）。自商王仲丁以下九世，子弟爭奪王位，150年間四次遷都。約西元前1300年盤庚遷殷（今安陽），政局穩定，經濟發展。武丁整頓吏治，發展生產活動，國力強盛，疆域擴大，成為當時世界上少有的文明大國。末王紂（帝辛）窮兵黷武，驕奢淫逸，民怨沸騰。立國關中的周國日益強盛。約西元前1046年，周武王率軍伐紂，與商軍在牧野（今淇縣南）交鋒，商軍「前徒倒戈」，商朝滅亡。

商後期王畿北起漳河流域，南達今淇縣、鶴壁一帶，西起太行山東麓，東臨古黃河兩岸。四周由商貴族和分封諸侯統治，稱「四土」。在諸侯封地之間及封地外圍，存在許多方

國和部落。中原黃河以北地區屬於近畿，分佈著王田、牧場和商王田獵區，黃河以南屬於南土。

商代社會分為貴族、平民和奴隸。商王是最高統治者，輔佐商王的尹（或相）是最高行政長官，下設負責王室事務的宰、寢及各種小臣，負責管理神祇事務的史、蔔、作冊和巫，負責管理農事、眾人、手工業、軍事等民事官員。軍隊分為車兵和徒兵。地方諸侯有侯、子、男、田（甸）、任，對王朝承擔納貢、服役、戍邊以及出兵征伐等義務。

二、二里崗文化與殷墟文化

二里崗文化是商代早期的考古學文化；殷墟文化是商代晚期的考古學文化。

1. 二里崗文化

二里崗文化因鄭州二里崗遺址而得名，距今約 3,600 至 3,300 年，中原是它的中心區，有鄭州商城、偃師商城等遺存。

鄭州商城遺址總面積 25 平方公里，宮殿區位於中部和東北部，發現數十座夯土建築基址。15 號房基長 65 公尺，寬 13.5 公尺，地坪面上有兩排柱礎槽和石柱礎，可復原為重簷頂帶迴廊的大型宮殿，還有製陶、製骨和鑄銅作坊遺址和墓葬。

第二章　夏商西周時期

　　偃師商城遺址總面積約 190 萬平方公尺，三重夯土城垣相套合。大城發現城門 7 座、大道 11 條，其間分佈鑄銅遺存、製陶作坊及大型倉儲基址。大城中南部有一座時代較早的小城，小城內有宮城，四周有圍牆，城內發現 8 座宮殿基址。

　　鄭州商城與偃師商城宏偉嚴整，具有王都氣派。有學者認為偃師商城是湯都西亳，鄭州商城是仲丁所遷隞都；另有學者認為鄭州商城為湯都亳，偃師商城是商初的陪都、太甲的「桐宮」或軍事重鎮。此外，在新鄭望京樓和鄭州東趙發現有商代大型城址。以二里崗文化為代表的商早期華夏文明已十分強大，帶給周鄰的文化巨大的影響。

　　河南境內發現兩座商代中期城址。鄭州小雙橋城址面積 144 萬平方公尺，發現夯土建築臺基、大小道路和陶窯、祭祀坑，是一座具有都邑規模和性質的遺址，有學者認為是仲丁所遷之隞都。安陽洹北商城遺址總面積約 4.7 平方公里，發現大型宮殿基址、房基、水井、灰坑、墓葬等。1 號基址平面呈「回」字形，包括門塾、主殿、配殿和廊廡，總面積近 1.6 萬平方公尺，是現今已知夏商時期規模最大的建築基址。學界一般認為洹北商城是盤庚所遷的殷都，也有人認為是河亶甲所遷的相都。

2・殷墟文化

殷墟位於安陽西北郊小屯村及其北面的洹水兩岸。1928至1937年進行了15次發掘，出土大量陶器、骨器、蚌器、石器、玉器、青銅器、甲骨27,000多片。1950年以來持續進行大規模的鑽探和發掘，深入瞭解殷墟的王宮遺址及其周圍的居民點、手工業作坊區、墓葬區、殷王陵、貴族墓葬、祭祀坑、平民墓葬、聚落遺址的分佈情況，清理了武官村大墓和殉人祭祀坑、鑄銅和製骨作坊遺址、一般居住遺址和墓葬區。殷墟中心區的50多座宮殿建築在夯土臺基上，排列著整齊的石柱礎和銅柱礎，重門復室，形成中心廣庭的四合院佈局，規模巨大，氣勢宏偉。西北崗王陵區發現13座大墓，隨葬青銅器、玉器數量眾多，包括著名的後母戊鼎。

安陽殷墟出土後母戊鼎

殷墟文化分佈範圍以豫北為中心，北至京津，南達豫南，西至陝西，東達魯中，時間大約距今3,300至3,000年，是商代晚期的文化遺存。

第三節
西周時期的中原

一、周公東征與雒邑營建

約西元前 1046 年,周武王領兵滅商,建立西周王朝,把商王紂之子武庚留在殷都以奉商王祭祀;以弟管叔、蔡叔、霍叔監督武庚,史稱「三監」。武王死,成王誦幼年即位,武王弟周公旦輔政。管叔、蔡叔串通武庚,聯合奄(今山東曲阜)、蒲姑(今山東博興)及徐夷、淮夷起兵反周。周公旦「內弭父兄,外撫諸侯」,率軍東征,平定叛亂,周王朝統治得以鞏固。

周公旦深感鎬京(今陝西西安西南)偏遠,決定在伊洛盆地營建新都,選址洛水北岸的澗水東、瀍水西,役使商朝遺民興建郭城和宮城,稱成周雒邑。宮城呈正方形,王宮居中偏南,朝堂、官市、祖廟、社壇分佈於南、北、東、西四方。在今洛陽老城北窯一帶發現西周貴族墓地,墓地東南發現大型鑄銅遺址,瀍水東岸發現祭祀遺存和殷移民墓。

雒邑的營建使中原與關中連成一片,周王畿土地方圓千里。雒邑居「天下之中」,策略地位重要,是徵收四方貢賦的中心。成王讓周公留守成周,主持政務,在此建立與鎬京相仿的政治管理體系。周公旦死後,子孫世襲卿事寮,鎮守雒邑。

二、西周的中原諸國

西周封周宗室同姓、功臣親戚或古聖王之後為諸侯,在王畿以外建國,代替周王進行統治。周武王時首次分封,周公東征平叛後再次分封,建71國。周王是天下宗主,諸侯國是周王藩屏,並向周王繳納貢賦。中原地區北部、東部和南部封國林立。

衛國。周公平定武庚叛亂後,把幼弟康叔封在原商朝王畿,建立衛國,都朝歌(今淇縣),令他「啟以商政,疆以周索」。

宋國。周武王伐紂時,紂庶兄微子啟主動歸順。周公平定武庚叛亂,封微子於宋(今商丘睢陽區)以續殷祀。宋國是一個較大的異姓國。

陳國。周武王克商,訪求帝舜後裔得媯滿,封於陳(今周口淮陽區),是為胡公。

蔡國。周武王弟蔡叔參與武庚叛亂,被周公流放。其子蔡胡改行向善,成王時被封於蔡,今上蔡有蔡國故城。

應國。周初封武王之子於應(今平頂山)。在平頂山滍陽鎮北滍村西發現應國墓地。

虢國。周初封周先公季歷之子虢仲後裔於上陽(今三門峽李家窯),稱北虢,上村嶺有虢國貴族墓地;又把虢叔封於制(今滎陽汜水),稱東虢。

第二章　夏商西周時期

　　此外，淮河上游有息（今息縣西南）、蔣（今淮濱東南）等國，南陽盆地有申（今南陽西北）、呂（今南陽西）二國，是周朝的南方藩屏。

第四節
社會經濟進展

　　夏、商、西周三代中原地區處於銅器時代，生產力提高，農業、手工業不斷發展，商業出現並初步發展。

■ 一、農業的變遷與發展

　　夏代中原地區農具仍以石鏟、石鐮與木器耒耜為大宗，農作物以粟、黍和大豆為主，水稻增加，小麥傳入，多品種農作物種植制度進一步完善。考古工作者在周口淮陽區四通鎮時莊發現夏代早期的圍垣聚落遺址，其中有 29 個儲藏粟的糧倉，它反映了當時糧食生產活動和儲備、管理的情況。商代農業生產是主要的經濟部門，甲骨文中有許多占卜是否「受年」（豐收年）的蔔辭，農具有銅斧、銅刀、石斧、石刀、石鏟、石鐮、蚌刀、蚌鐮、骨鏟等，土地整治得比較有序，農作物有黍、稷、粟、麥、稻等，飼養豬、狗、黃牛等多種家畜。西周實行井田制，分「公田」和「私田」，實行輪流休

耕制。農具以木、石、蚌、骨器為主，青銅農具有錢、鎛、銍、艾等，耕作方式是兩人協同合作的「耦耕」。

■ 二、手工業和商業的興起

夏、商、西周時期，中原地區的手工業已有明確分工，王室和諸侯國都擁有手工作坊和從事各種技藝的工匠。西周初周王賜給衛康叔「殷民七族」中的「陶氏」、「施氏」、「繁氏」、「鑄氏」，都是專門從事一種產品生產活動的手工業者。西周「工商食官」，中原官營手工業比較發達。這一時期手工業已分為青銅鑄造、陶器、玉器、骨器、木漆器和紡織等門類，青銅鑄造業最有代表性。

夏代後期，中原已出現產業結構特點鮮明、鑄造加工技術先進、器物種類多元化和器物形狀複雜化的青銅產業。偃師二里頭遺址的鑄銅作坊面積達 1 萬多平方公尺，出土各式各樣的坩堝、爐壁、陶范。青銅器是銅、錫合金，分為容器、兵器、工具和銅飾件，器體小而輕薄。

鄭州商城發現商前期鑄銅作坊遺址，出土熔銅爐殘片、鍊銅坩堝和陶范殘片、煉渣、炭屑、礦石等遺物。28 件窖藏銅器均為銅、錫、鉛合金，幾件大方鼎最具代表性。安陽辛店晚商鑄銅遺存約 50 萬平方公尺，具有多個獨立、完整的鑄銅作坊區，與苗圃北地、孝民屯等多處鑄銅作坊構成龐大的鑄銅體系。殷墟出土青銅器四、五千件，有禮器、樂器、兵

第二章 夏商西周時期

器、工具、生活用具、裝飾藝術品和車馬器。武官村出土的後母戊方鼎高 133 公分，重 832.84 公斤，造型雄偉，結構複雜，飾蟠龍紋和饕餮紋，是世界上最大的青銅器。商代晚期青銅種類增多，形制複雜，紋飾精美，銘文增多，是青銅產業的鼎盛期。

西周時期，中原的鑄銅手工業分佈更廣。洛陽北窯鑄銅遺址面積 10 多萬平方公尺，大型豎式鼓風爐直徑 1 公尺左右，用皮囊（橐）鼓風，採用「內加熱」方法熔化銅液鑄造器物。洛陽北窯西周墓地、平頂山應國和三門峽虢國墓地出土的西周青銅器製作精美。三門峽上村嶺虢季墓出土的玉莖鐵芯銅劍是中國最早的人工冶鐵製品。

三門峽虢國墓地 2009 號墓出土麻布短褲

鄭州商城西城牆外發現一處早商製陶作坊遺址，出土有原始瓷器，晚商中原已能燒製刻紋白陶。西周陶窯多有發現，鄭州董砦遺址的一座陶窯直徑 1.8 公尺，結構合理。洛

陽壟家溝西周墓出土的原始瓷器以高嶺土作胎，器表施灰綠色薄釉，質地堅硬。骨器、玉器、漆器製作及絲織、建築業都有突出成就。三門峽虢國墓地出土的麻質短褲是中原出土最早的紡織成衣。

商代中原商業和交通發展。道路有陸路和水路，交通工具是車和舟船。貨幣貝的出現是商業興起的象徵。殷墟婦好墓棺內放置海貝6,000多枚。甲骨文、金文中有賜貝多少「朋」和有關商賈的記載。西周雒邑王宮的後面有官市。浚縣辛村一座衛國墓隨葬貝2,900多枚，三門峽虢國墓地出土石貝數千枚。

第五節
精神文化的繁榮

夏、商、西周時期人們保持著宗教信仰和祭祀占卜習俗，禮樂制度逐漸形成，出現成熟的文字和詩歌，官學教育和科學技術發展。西周時期宗教迷信減退，人文因素增多。

一、宗教與哲學思想

夏代仍崇拜各種自然神，超越自然神的「上帝」出現，宗廟社稷成為國家政權的象徵。商人比夏人更迷信鬼神，遍祀

第二章　夏商西周時期

天神地祇，祖先祭祀形成周祭制度，視天神上帝為政權的保護神。西周也祭祀天神上帝和土地神祇，廟祭祖先。

殷商統治者篤信天命，相信君權神授。〈洪範〉是周武王訪問箕子的談話記錄，反映商後期的天人感應和王權政治觀念。周人對天、上帝的信仰開始懷疑、動搖，出現「民意論」的天命觀和「崇德貴民」的政治思想。周公旦指出天命不常，天僅受命於有德者，統治者必須「敬德保民」，注重德行，講究治理方法，明德慎罰。這些成為西周占統治地位的思想。

〈洪範〉提出「五行說」，認為自然萬物由水、火、木、金、土五種物質元素構成，這是中國早期的樸素唯物主義自然觀。《易經》由周文王發端，成書於西周中後期，是一部占卦的書，包含著觀物取象、萬物交感、事物發展變化等思想觀念。

■ 二、成熟文字的現身

甲骨文是目前已知中國最早成系統的成熟文字。殷商貴族遇事必占卜吉凶，所蔔之事和應驗情況刻在龜甲或獸骨上稱「蔔辭」，其文字就是甲骨文。甲骨蔔辭主要出土於安陽殷墟，契刻有

安陽殷墟出土甲骨蔔辭

5,000多個單字。

金文又稱鐘鼎文，是青銅器上的銘文，出現於商代，發展於西周。其字型與甲骨文相近，形聲字的比例大增。金文內容豐富，記載了社會生活的多方面內容，成為研究周代歷史的第一手資料。

三、禮樂制度與藝術

中國古代的禮制肇始於夏代，完善於商、周，是維護社會秩序的規範。殷商祭祀禮儀繁縟。周初周公旦在雒邑（今洛陽）制定了一套較完備的貴族等級禮儀制度，包括宗周王、重聘享、嚴祭祀、赴告策書、論宗姓氏族、尊禮重信、宴會賦詩等。周統治者因襲前代之樂，也自作新樂，大型樂舞《大武》集中頌揚周武王的豐功偉業。西周禮樂對後世影響深遠。

夏、商、西周時期中原地區出現不少歌謠。據說夏代有〈五子之歌〉。周初有伯夷、叔齊的〈採薇歌〉和箕子的〈麥秀歌〉。西周詩歌多收在《詩經》中，〈周頌〉的〈清廟〉、〈維天之命〉、〈維清〉、〈烈文〉是諸侯百官在雒邑朝會時祭祀文王的頌歌，〈小雅〉中〈常棣〉、〈車攻〉、〈鼓鍾〉、〈瞻彼洛矣〉、〈裳裳者華〉等是周宣王時作於雒邑的詩篇。

第二章　夏商西周時期

■ 四、教育與科學技術

中原地區是夏、商、西周三代都城所在地，中國最早的學校教育在這裡產生，並逐漸完備。夏代的學校稱庠、序和校，商代都城有「右學」、「左學」和進行樂教的「瞽宗」。西周初期天子之學稱辟雍，諸侯之學稱泮宮。成周（今洛陽）學制東有東序、南有成均、西有瞽宗、北有上庠，中央有辟雍，是中國古代學制的雛形。西周學校主要進行「六藝」（禮、樂、射、御、書、數）教育。三代教育具有「學在官府、官師合一」的特點，僅貴族有受教育的特權。

中國古代有觀象授時的傳統，相傳夏代的曆法稱「夏時」。商代甲骨葡辭有歲星（木星）、火星等星名和日食、月食的確切記載。曆法為陰陽合曆，年終置閏，干支紀日。數學方面商代已採用十進位制，西周數學已發展為獨立學科。商代葡辭記載多種疾病名稱，西周宮廷已設定專門的醫官。

夏代青銅冶鑄技術快速發展，逐漸形成採礦與冶煉、陶范製作、澆注與後期加工等一整套工藝流程，發明組合陶范鑄銅技術。商代青銅器鑄造技術更為成熟，殷墟青銅器的合金成分與《周禮·考工記》所記載的「六分其金，而錫居其一」的銅、錫比例相合。洛陽北窯西周鑄銅遺址出土大量陶范，製作精細。大型器物先鑄好附件，然後嵌入整個鑄器的外範，再用銅液澆注使其合成一體。

讀史益智

■「中國」的由來

中國古代有「建中立極」的觀念，就是要在國土的中心部位建都，以治理四方。河洛地區是夏、商王朝的都城所在地，被稱作「天下之中」。「中國」一詞最早見於西周初期，1963年寶雞出土成王時期的銅器何尊，有銘文：「唯王初遷，宅於成周……唯武王既克大邑商，則廷告於天，日：『餘其宅茲中國，自茲乂民。』」意思是說，周武王伐紂滅商後，認為成周（即洛陽）是「中國」（即「國中」），要將都城遷到這裡，在此治理民眾。

此後，「中國」一詞也見於《詩經‧大雅‧民勞》：「民亦勞止，汔可小康。惠此中國，以綏四方。」以「中國」與「四方」對稱，「中國」就是「京師」。由於都城是全國的政治、經濟、文化中心，遂成為整個國家的代表。「中國」也由指都城演變為指包括土地、人民在內的國家名稱，而主要指立國於中原的國家。如北宋岳飛手書：「金人所以立劉豫於河南，蓋欲荼毒中原，以中國攻中國，黏罕因得休兵觀釁。」

第二章　夏商西周時期

史林折枝

■ 1·青銅器時代

　　青銅器是中華文明早期階段的重要象徵之一。青銅是銅和錫、鉛等金屬組成的合金。它具有優良的鑄造性、很高的耐磨性和化學穩定性。中國青銅的冶煉和鑄造發展的很早，傳說「禹鑄九鼎」。在偃師二里頭遺址發現一處鑄銅作坊。二里頭遺址出土青銅器的種類，有禮器性的容器，用於戰爭的兵器和各類生產工具，以及銅牌、銅鈴等。以二里頭文化青銅器為象徵，中國已經進入青銅器時代。在商代前期的鄭州商城遺址發現兩處鑄銅作坊和三處青銅器窖藏，出土大批青銅器，其中的大方鼎、大圓鼎都是王室重器，表示中原青銅文化系統已經形成。商代後期步入青銅時代的鼎盛期。商代晚期的安陽殷墟發現多處鑄銅作坊遺址，出土青銅器四、五千件，種類齊全，有禮器、樂器、兵器、工具、生活用具、裝飾藝術品和車馬器等。僅婦好墓即出土銅器 577 件。工匠不僅能準確掌握青銅的含錫、鉛比例，而且掌握了分鑄法和多合範法鑄造技術，紋飾豐富多彩，繁縟富麗。西周時期，成周雒邑也發現鑄銅作坊遺址，出土眾多精美的青銅器。中原青銅藝術是最具特色且對周邊青銅藝術最具影響力的藝術體系。

2·周公制禮作樂

中國早期文化的發展道路是先由巫覡活動演變為祈禱奉獻，由此產生祈禱奉獻的規範——禮，最終發展為理性化的規範體系「周禮」。

據文獻記載，「周禮」是西周初周公旦製作的。《尚書大傳》說：「周公攝政；一年救亂，二年克殷，三年踐奄，四年建侯衛，五年營成周，六年制禮作樂，七年致政成王。」意思是周公平定武庚和東夷的叛亂、分封諸侯、營建成周雒邑之後，在成周制禮作樂。

到殷商後期，典禮祭儀已比較完備。周公制禮作樂以商代禮樂為基礎。《論語·為政》載孔子說：「周因於殷禮，所損益，可知也。」周公在總結商代禮樂的基礎上，以西周的實際情況，對殷禮斟酌取捨，加以改造和發展，制定了一套適合周王朝政治需要的禮樂制度。周公在禮的精神中注入「德」的觀念，使其具有道德倫理的重要涵義，體現著尊尊、親親等觀念。周禮的內容與嫡長子繼承制、分封制、宗法制、世卿世祿等政治制度相融通，包括宗周王、重聘享、嚴祭祀、赴告策書、論宗姓氏族、尊禮重信、宴會賦詩等，基本涵括了典章制度、禮節儀式、道德規範三個方面。西周禮樂在王畿和諸侯國實行，對後代影響深遠。

第二章　夏商西周時期

第三章　春秋戰國時期

　　春秋時猶尊禮重信，而七國則絕不言禮與信矣。春秋時猶尊周王，而七國則絕不言王矣。春秋時猶嚴祭祀、重聘享，而七國則無其事矣。春秋時猶論宗姓氏族，而七國則無一言及之矣……邦無定交，士無定主，此皆變於一百三十三年之間……。

—— 顧炎武

第三章　春秋戰國時期

從西元前770年周平王東遷雒邑（今洛陽）到西元前221年秦統一中國，史稱東周，是中國歷史上的春秋（西元前770年至西元前476年）、戰國（西元前475年至西元前221年）時期，中華文明出現了第一個高峰。這一時期大國爭霸，七雄角逐，中原是其中心區，社會發生巨大變革——以宗法為基礎的分封制向中央集權的專制主義國家過渡；奴隸制關係衰落，封建制度開始建立；井田制崩潰，土地私有制形成；生產工具由青銅器向鐵器過渡。三代思想文化的發展，到春秋、戰國時期而臻於鼎盛。戰國後期，思想學術從百家爭鳴走向一家獨尊。

第一節 諸侯爭霸與中原政局

春秋初期東周王畿尚有方圓六百里，因受諸侯和異族蠶食而逐漸縮小，僅存今河南西部一、二百里土地。周王失去「天下共主」的地位，王權下移，「政由方伯（諸侯霸主）」，遂形成大國爭霸的政治局面。

一、春秋時期的諸國角逐

鄭國從關中遷來。早在西元前806年，周宣王把弟姬友封在棫林（今陝西渭南華州區），就是鄭桓公。周幽王時他在

第一節　諸侯爭霸與中原政局

朝中擔任司徒,見西周將亡,把族人和財產遷移到東虢和鄶國(今滎陽、新密一帶)。及犬戎滅西周,鄭桓公殉難。鄭武公攻滅虢、鄶兩國,遷都新鄭,成為春秋初期的強國。鄭莊公曾率軍打敗周軍,又討伐宋、衛兩國,戰勝戎師,有「小霸」之名。春秋中後期鄭國內部公族大夫紛爭,外受晉、楚等國威逼,國力衰落。西元前543年,子產(公孫僑)擔任執政,推行改革:「作封洫」,以田間縱橫的溝渠和道路為標記劃定田界,承認私田的合法性;「作丘賦」,以「丘」為土地單位向土地私有者徵收軍賦;「鑄刑書」,把法律條文鑄在鼎上,公佈於眾。改革使鄭國經濟發展,政局穩定,國力增強,但子產死後國力又趨衰落。

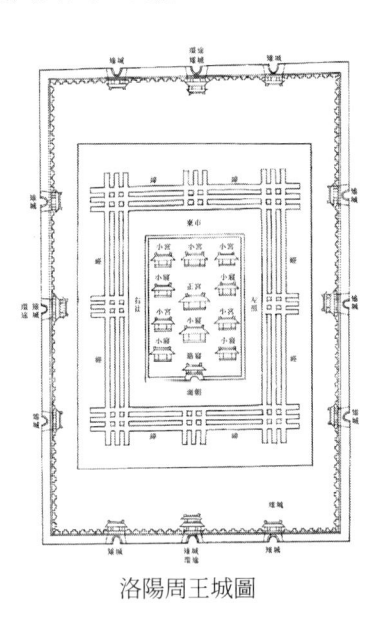

洛陽周王城圖

第三章 春秋戰國時期

宋國是一個二等強國。宋襄公圖謀成為諸侯霸主，聯合衛、曹等國伐齊，立齊公子昭為君。西元前639年秋，宋襄公和楚成王等在盂地（今睢縣西北）聚會，楚成王拘執宋襄公後又釋放。次年夏，宋軍討伐親楚的鄭國，楚軍伐宋，兩軍在泓水（今柘城縣北）相遇。宋公子目夷認為正面決戰難以取勝，可在楚軍渡河或尚未布陣時發起攻擊，被宋襄公拒絕。結果宋軍大敗，襄公受傷而死，其霸業曇花一現。宋國地處南北要衝，成為晉、楚爭奪和控制的對象，國勢日衰。

此外，中原還有衛、陳、蔡、許等國，常受大國或異族征伐，土地被侵奪；宗室爭奪君位，內難不已；都城屢遷，不遑寧處，甚至淪為大國附庸。

■ 二、大國爭霸與諸侯盟會

春秋中期以後，齊、秦、晉、楚諸國相繼爭霸中原，不斷發動戰爭、舉行會盟。

西元前656年，楚軍攻鄭，齊桓公率八國軍隊伐楚，進兵召陵（今漯河鄲城區），阻止了楚軍的北進，又多次派兵平定周王室內亂，召集諸侯軍隊戍守成周。西元前651年，齊桓公和諸國君在葵丘（今蘭考）約盟，成為中原霸主。此後，晉、楚兩國爭霸80多年。

晉文公時晉國強盛。西元前636年，晉文公發兵平定周王室叔帶之亂，幫助襄王復位。西元前633年冬，楚成王率五

國聯軍圍宋,晉文公聯合齊、秦救宋,在城濮(今山東鄄城臨濮集)大敗楚軍。晉文公在踐土(今原陽東南)的諸侯盟會上被周王冊封為侯伯,成為中原霸主。西元前606年,楚莊王揮師北上抵周郊,問周鼎輕重,表露取代周王的野心。西元前597年,楚軍伐鄭,晉軍來救,鏖戰於邲(今鄭州北),晉軍敗,楚國成為霸主。西元前575年,晉將欒書領兵伐鄭,楚共王率軍救鄭,晉軍在鄢陵大敗楚師,重新確立晉國霸主地位。

秦穆公時秦國逐漸富強。西元前627年,秦軍偷襲鄭國,鄭商人弦高假稱奉命犒師,秦軍以為鄭國有備而退兵,在崤山峽谷遭到晉軍伏擊。秦國東向爭霸之路受阻,遂稱霸西戎。

在爭霸戰爭中,中原諸國受戰爭破壞慘重。春秋中期以後大國相爭,勢均力敵,又忙於內部事務,難以發動大戰。西元前579年和西元前546年,由宋國大夫華元和向戌倡導,在宋都城下召開兩次「弭兵」會議,晉、楚兩國訂立盟約,停止交戰,共用霸權。西元前482年,吳王夫差率軍北上,與諸侯在黃池(今封丘西南)會盟,成為諸侯爭霸的尾聲。

三、華夏族與周邊民族的融合

春秋時期夏、商、週三部族融合為一,統稱華夏族。當時「戎逼諸夏」,伊洛間有揚拒、泉皋之戎,汝水以西有蠻氏之戎。「諸戎飲食衣服不與華同,贄幣不通,言語不達」,保留著較多的民族特性。原居瓜州(今秦嶺太白山一帶)的陸渾

戎被秦、晉兩國遷至伊水流域。伊川縣徐陽發現陸渾戎貴族墓地，發掘墓葬 200 餘座，葬俗與同時期西北戎人相似。在宜陽縣南留發現東周城址，當為陸渾戎貴族住地。後來晉滅陸渾戎，楚執蠻氏而南遷，戎蠻衰落。

春秋時期「南夷與北狄交，中國不絕若線」。狄族軍隊曾攻滅邢、衛兩國，狄人與周王室聯姻，並介入周王室的內爭。楚軍北伐陳國、蔡國，攻滅南陽盆地與淮河上游諸多小國。面對夷狄的威逼，齊桓公揭起「尊王攘夷」大旗，聯合華夏諸國「存邢救衛」、「觀兵召陵」。至春秋末期，居住在中原或靠近中原的各部族大多融合於華夏族。

第二節
戰國七雄的競爭

西元前 403 年，周威烈王冊命晉國韓、趙、魏三家為諸侯，形成齊、楚、燕、趙、韓、魏、秦七雄並立的局勢。各國先後實行變法革新，確立了新興地主階級的統治。「韓，天下之咽喉；魏，天下之胸腹」，策略地位重要。中原是七雄角逐的主要戰場，宋、衛、鄭等小國成為大國爭奪和蠶食的對象。

第二節　戰國七雄的競爭

■ 一、魏國的興盛與衰亡

魏國初都安邑（今山西夏縣），魏文侯以李悝為相，實行變法：「盡地力之教」，使農民精耕細作，提高土地利用效率，增加產量；推行「平糴法」，豐年國家買進一定數量的糧食，歉年賣出一定數量的糧食，以平抑糧價；制定法律，編排《法經》。魏國成為戰國前期的強國，不斷向外擴張，占有中原大片土地。西元前361年，魏惠王遷都大梁（今開封），開鑿鴻溝運河，修築黃河堤防，發展農業，開發山林川澤；在西部邊界修築長城，加強對秦國的防禦，聯合韓、趙兩國共同抵禦秦、齊兩個強國的夾擊。

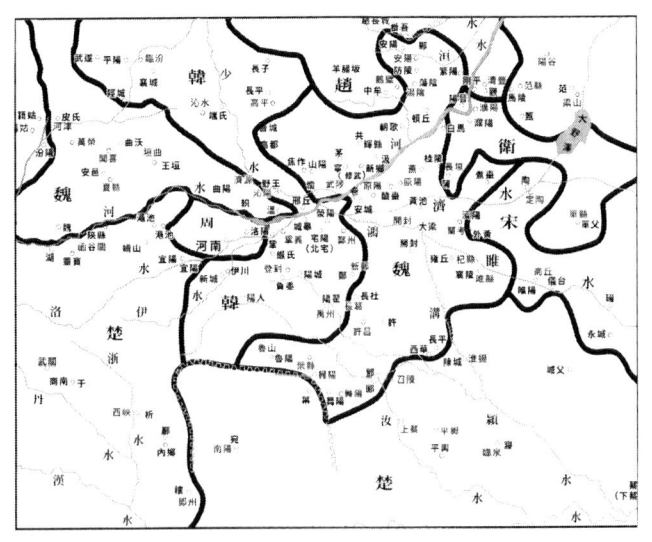

戰國時期中原地區形勢圖

西元前 354 年，趙國出兵攻衛，企圖使衛國離魏從趙。魏國派龐涓率軍伐趙，包圍邯鄲。齊威王派田忌率軍救趙，直趨大梁。龐涓率精銳騎兵日夜兼程回救大梁，在桂陵（今長垣西南）遭齊軍伏擊，大敗。

不久魏國再度進攻邯鄲，齊、衛、宋三國聯軍圍攻魏國襄陵（今睢縣）以救趙。魏、韓聯軍擊敗齊軍，國勢復振。西元前 344 年，魏惠王自稱「王」，召集諸侯集會逢澤（今開封南），圖謀諸侯盟主地位。西元前 342 年，魏軍攻韓，韓國向齊國求救，齊國派田忌率軍直趨大梁。魏王派太子申和龐涓率軍 10 萬迎敵，在馬陵道（今範縣西南）遭齊軍伏擊，大敗。此後魏國不斷遭受鄰國進攻，國勢日衰。

二、韓國的興盛與衰亡

韓國初都平陽（今山西臨汾），西元前 423 年，出兵伐鄭，先後遷都宜陽（今宜陽韓城）、陽翟（今禹州）；西元前 375 年，出兵滅鄭，遷都新鄭。

韓昭侯時，秦、宋、魏等國輪番攻城掠地，韓國無力還擊，在邊境修築長城防禦。西元前 355 年，申不害任相，進行改革，「修術行道」，讓君主操生殺予奪之權以駕馭群臣，強化專制主義中央集權；「循功勞，視次第」，對臣屬和將士論功行賞，因能授官，提高官員辦事效力，增強軍隊戰鬥

力。但沒有進行經濟改革，發展滯後，在七雄中國力較弱。申不害死後，秦國不斷侵伐，奪取重鎮宜陽和鄧師（今孟州西）、宛（今南陽）兩個冶鐵中心，迫使韓國割讓黃河以北二百方里土地，韓國遭受重創，到韓桓惠王末年國土丟失過半，國勢危殆。

三、秦統一中原諸國

戰國後期，中原地區有韓、魏、楚三個大國及西周、東周、衛、宋等小國。

周王室不斷發生王位爭奪。周考王居成周（今洛陽東），封弟揭於王城（今洛陽西工區），稱西周桓公。西元前367年，西周威公去世，少子根和公子朝爭立。少子根在鞏（今鞏義）即位，稱東周惠公，周分裂為以河南縣為中心的「西周」和以鞏縣為中心的「東周」兩個小國。

西元前280年，秦軍大舉攻楚，楚國割上庸（今湖北竹山一帶）及漢水以北土地給秦國，國勢始衰。兩年後秦將白起率軍攻克楚都郢（今湖北荊州），楚國遷都陳縣（今周口淮陽區），在此立國38年。

秦逐漸攻滅中原諸國，設郡縣。西元前272年，韓國被迫把南陽之地獻給秦國，秦國把它和此前占領的楚國上庸地合併，設南陽郡，治宛縣（今南陽）。西元前256年，西周

君率諸侯軍出伊闕攻秦，秦將摎率軍反擊，西周君盡獻其36邑。西元前249年，秦相國呂不韋率軍滅東周，取其地。秦將蒙驁攻取韓國成皋（今滎陽氾水鎮）、滎陽，連同二周故土，設三川郡，治洛陽。西元前242年，秦軍攻魏，取黃河南北20城，以魏成皋以東地連同衛都濮陽地設東郡，治濮陽。西元前231年，秦內史騰率軍滅韓，在韓地設潁川郡，治陽翟（今禹州）。西元前225年，秦將王賁率軍圍攻魏都大梁，魏王假出降。秦國在魏國東部設碭郡，治碭縣（今永城芒山鎮）。

第三節
社會經濟的變革

　　春秋戰國時期奴隸制崩潰，新興封建制度建立，田宅可自由買賣，地主和小農出現，個體手工業者可獨立開業。春秋時期開始進入鐵器時代，生產工具的變革提高了生產力。中原各國陸續進行經濟改革。鄭國子產作「封洫」、「丘賦」，開溝渠灌溉排澇，用縱橫的小路、溝渠將農戶私有土地相區隔；根據占有土地的「丘」數徵收軍賦。衛文公推行「務財、訓農、通商、惠工」的經濟政策。魏國李悝推行「盡地力之教」，提升農民的生產積極性，充分發揮土地肥力，提高農作

物產量，實行「平糴」以穩定糧價。改革推動了農業和手工業的快速發展，中原經濟居全國前列。

一、農業技術的革新

春秋時期中原農業生產活動方式發生變化，開始使用鐵器和牛耕，犁耕農業逐漸取代鋤耕農業。鄭國使用「桔槔」提水灌溉。「桔槔」由兩根直木組成，用槓桿原理汲水，一天可澆地百畦。戰國時期已摒棄耒耜和石鏟、石刀，改用犁、▢（原文毀損無修改）、鋤、錘、鐮、刀等鐵器。輝縣固圍村戰國墓出土犁鏵、▢（原文毀損無修改）、鏟、凹字形鋤、長方形鋤、鐮等鐵製農具52件。西元前422年，西門豹任魏國鄴縣（今河北臨漳西南）令，「發民鑿十二渠，引河灌民田」。這是一項大型水利工程，可灌溉附近10萬畝土地。漳水淤灌可改良土壤和提高肥力，使原來的鹽鹼地「成為膏腴（良田）」，鄴地變成河內最富饒的地區。魏惠王遷都大樑後，開鑿鴻溝運河、開展水上運輸、灌溉附近農田。韓國也興修水利工程，有著名水利專家鄭國。春秋戰國時期中原農民已懂得施肥，對土地實行輪耕、休耕，以恢復地力。冬季種麥，秋季種禾，一年兩熟，糧食產量增加。魏相李悝說：「治田百畝，歲收畝一石半。」按今一畝面積折算，畝產四石半。

第三章　春秋戰國時期

■ 二、手工業的進步

春秋戰國時期，中原手工業發達。各國都城都有官營手工業作坊，與小農結合的家內手工業、單獨經營的個體手工業和官營的鹽鐵等大型手工業都有發展，「工肆之人」在市內開設店鋪，自產自銷。

青銅鑄造業高度發展，河南省境內發現多處春秋戰國的冶銅遺址和銅器群。新鄭鄭韓故城的鄭國冶銅遺址面積10萬平方公尺，發現大量銅渣、木炭屑、陶范碎片、鼓風管，熔爐採用鼓風助燃，生產銅▇（原文毀損無修改）、鏟、鐮、銼、鑿等工具。新鄭出土銅器眾多。「鄭之刀，宋之斤」都是當地名產。魏國的梁（今開封）、寧（今獲嘉）、共（今輝縣），韓國的鄭（今新鄭）、新城（今伊川西南）、陽人（今汝州西北），都是冶銅鑄造兵器和錢幣的中心。

冶鐵業開始興盛。鄭國子產曾用鐵鑄造刑鼎，扶溝和新鄭曾出土鐵鏟等鐵器。洛陽出土的春秋晚期空首鐵鏄是展性鑄鐵，銳利程度加強，使用壽命長。韓國有新鄭、陽城（今登封東南）、冥山（今信陽東南）、棠溪（今舞陽縣東）、合膊和龍淵（均在西平縣西）、鄧師（今孟州東南）等著名冶鐵中心。新鄭冶鐵遺址是一處集冶煉、制範和鑄器為一體的冶鐵基地，發現熔爐、烘範爐、退火脫炭爐、抽風井、鼓風管、煉渣、木炭、陶范，產品多種多樣，其中一塊板材是中國發現最早的球墨鑄鐵。

中原各地普遍植桑養蠶，絲織、麻織和葛織是紡織業的重要部門，用藍、茜等植物染料染色。宛丘（今周口淮陽區）人在池中漚麻、績麻。漆木器製造、製陶、金銀玉器加工業都有發展。洛陽金村、輝縣琉璃閣、信陽長臺關戰國墓都出土有漆器。三門峽上村嶺春秋早期虢國墓出土玉器品種器形多樣、製作精美。洛陽金村出土的金鍊玉珮以及銀俑、銀盃、銀盒都有較高的工藝水準。

新鄭出土蓮鶴方壺

三、商業的繁盛

春秋戰國時期中原四通八達。「成皋之路」、「夏路」等交通幹線縱橫，河雍（今孟州西）和孟津間黃河上架有浮橋。便利的交通和農業、手工業的發展促進了商業的繁榮。商賈成為一種專門職業。周（今洛陽）人「高富下貧，喜為商賈」；宋國稼穡之民少，商旅之民多；陳國通魚鹽之貨，其民多賈。鄭國商人實力雄厚，鄭桓公曾和商人訂立盟約。在官商之外出現一批「私商」。衛國黎（今河南浚縣）人端木賜、魏國虞氏、洛陽人白圭、「陽翟大賈」呂不韋都是「家累千金」的大商人。商業都市出現。衛國的溫、軹、濮（今濮陽），鄭國的陽翟，三川的東、西二周（今洛陽、鞏義），韓國的新鄭、滎

陽，魏國的大樑（今開封），楚國的宛（今南陽）、陳（今周口淮陽區），都是富冠海內的天下名都。金屬貨幣成為商品交換的媒介。周景王曾鑄造大錢，韓、魏流行鏟形「布幣」。

第四節
思想文化的繁榮

春秋戰國時期是文化發展的「軸心」時代，中原文化在此時期迎來了高峰。周（今洛陽）是禮樂制度的淵藪。儒、道、墨、法諸家的代表人物闡述各自的思想主張，形成「百家爭鳴」的繁榮局面。《詩經·國風》中的詩歌，《老子》、《莊子》、《墨子》、《韓非子》等散文集，石申對天文學、墨子及其後學對數理學的開創性研究，代表著當時中國文化的最高成就。

一、百家爭鳴的學術流派

春秋戰國時期社會變革劇烈，思想學術領域出現「百家爭鳴」局面。道家、法家、墨家學說在中原興起，儒學在此傳播，中原成為百家爭鳴的中心區之一。

老子李耳，楚國苦縣（今鹿邑）人，在洛陽周王室任守藏史，著有《道德經》（又名《老子》），是道家學派的創始人。其哲學思想核心是「道」，認為「天下萬物生於有，有生於

第四節 思想文化的繁榮

無」，世間萬事萬物都在不斷變化，事物的兩個矛盾對立面互相依存又互相轉化，「禍兮福之所倚，福兮禍之所伏」，具有樸素辯證法因素。老子倡導統治者清靜無為，順其自然；主張小國寡民，反對戰爭。孔子曾向老子問禮，莊子、申不害、韓非都受老子學說的薰陶。老子的思想學說開中國古代哲學思想之先河，對中華思想文化的發展和民族性格的形成有重大影響。

老子像

莊子名周，宋國蒙（今商丘東北）人，與後學著《莊子》。莊子以「道」作為天地萬物的本原，其哲學的核心是「虛無」和「無為」。他認為一切客觀事物都是相對的，大小、是非、壽夭、善惡、貴賤等無本質差別，人難以認識世界事物。他痛恨當時的統治者和社會的不合理，追求自由，否定仁義禮樂和文化知識，反對社會進步。其思想對後世文人影響較大。

魏相李悝編排的《法經》是中國第一部較有系統的法典。韓相、鄭國京（今滎陽東南）人申不害重「術」，認為君主必須掌握駕馭群臣的方術，著《申子》。衛國人公孫鞅好刑名之學，曾主持秦國變法，其思想主張反映在《商君書》中。韓國貴族韓非著《韓非子》，提出較完整的法治理論，主張適時

變法，提倡法、術、勢三者結合。其學說為秦國採用，影響深遠。

孔子名丘，字仲尼，魯國陬（今山東曲阜）人，在周代禮樂的基礎上創立儒學。他周遊列國時在中原諸國傳播儒學，弟子頗多。衛國溫（今溫縣西南）人卜商，字子夏，在「西河」傳授儒學，開創章句之學。陳國陽城（今商水西北）人顓孫師，字子張，在家鄉傳授儒學。孟子名軻，字子輿，曾遊說魏惠王，其學說也在中原地區傳播。

墨子名翟，魯（今魯山，一說山東滕州）人，長期在宋國做官，與後學著《墨子》，主張尚賢、尚同、兼愛、非攻、節用、節葬，反映了平民的政治要求。

■ 二、史地學著作的現身

東周王室和諸國設有史官，中原出現一批史學著作。春秋時雜輯而成的《尚書》是中國最早的王室文告彙編，《逸周書》原名《周書》，也是周代文獻。《竹書紀年》是魏國的編年史書，上起夏代下迄戰國，西晉時在汲郡（治今衛輝）戰國墓塚發現。《左傳》是編年體史書，記載春秋時期250多年的史事，「與三晉尤其是魏國關係最為密切」。《國語》是中國最早的國別史，記述周、魯、齊、晉、鄭、楚、吳、越八國史事，是研究周代文化的重要資料。

第四節　思想文化的繁榮

《山海經·山經》以豫西作為「中山經」的主體，還有「南山經」、「北山經」、「西山經」、「東山經」。各地以山嶺為綱，依次描述每座山的地形、水文、氣候、動植物及礦產資源，是一部古地理書。《禹貢》成書於戰國，託名大禹治水土，劃分九州、五服，制定貢賦，反映了大一統思想。

三、文學與藝術的發展

春秋戰國時期中原文學成就顯著，詩歌和散文體裁已經成熟。《詩經·商頌》是宋國祭祀先祖的頌歌〈國風〉載中原詩歌100多首〈周南〉表現洛陽以南地域的風物與生活，〈王風〉是周王畿的詩歌，〈陳風〉表現陳國民風民俗，〈鄭風〉多描寫男女愛情生活，在中原民歌中最具代表性。老子、莊子、墨子和韓非堪稱中原散文名家。《老子》義理深邃精警，內涵豐富，文勢奔放，流麗暢達；《莊子》多借助寓言故事隱喻思想哲理，幽默風趣；《墨子》的論說文邏輯性強，頗有文采；《韓非子》的政論文結構嚴密，說理透澈，筆鋒犀利。

樂舞、繪畫、書法、雕刻、工藝美術等藝術豐富多彩。春秋時期以鐘磬為樂器的雅樂走向衰落，鄭、衛兩國民間流行的俗樂常用絃索與竹管樂器演奏，旋律優美，聽而不厭，稱「鄭衛之音」。書法藝術發展到新水準。蔡侯尊、盤銘文筆畫剛勁，工整雋秀；溫縣盟書字型形似蝌蚪。戰國時期許

多銅器篆書銘文工整美觀，新蔡葛陵楚墓簡牘字型秀麗、奔放。東周洛陽明堂有堯、舜、桀、紂及周公輔成王見諸侯的畫像，形象生動。衛輝山彪鎮戰國墓出土水陸攻戰圖銅鑑和輝縣固圍村戰國墓出土的燕樂射獵紋銅鑑，影像紋飾相當精美。新鄭鄭公大墓出土兩件蓮鶴方壺，蓮花形壺蓋中站立著一隻展翅欲飛、引頸長鳴的白鶴，開時代新風。

■ 四、私學興起與科技發展

春秋戰國時期官學衰落，私學興起。鄭國存在著官學性質的鄉校，大夫鄧析曾在東里創辦私學，講授法律。孔子周遊列國時長期在衛、宋、陳、蔡等國授徒講學；衛國溫縣人卜商，字子夏，「居西河，教弟子三百人」；墨子在宋國授徒講學，後學眾多。

鄭國人裨灶、宋國人子韋是著名天文學家。魏國人石申著《天文》，記載121顆行星的位置，是世界上最早的行星表。戰國時的曆法

一年為365又1／4日，採用19年7閏的置閏補差法，並能分出四立（立春、立夏、立秋、立冬）、二分（春分、秋分）和二至（夏至、冬至）等節氣。每年初朝廷「授時於民」，指導農業生產與百姓生活。

中原地區鑄造銅器採用分鑄銲接法，省工省時。在新

鄭、輝縣等地出土的春秋時期青銅器，器身和附件分別制模鑄造，再將附件銲接在器身上；又採用精密鑄造技術和新的鑄造工藝——脫蠟法。淅川下寺春秋楚墓出土的雲紋銅禁即採用脫蠟法鑄造。銅器藝術加工使用鑲嵌純銅和錯金銀工藝，形成富麗堂皇、屈曲流暢的花紋圖案。

讀史益智

軸心時代

中國歷史上的春秋戰國時期，在世界上被稱作「軸心時代」，你知道什麼是軸心時代嗎？

德國學者卡爾・雅斯培（Karl Jaspers）認為人類歷史經歷了史前階段、古代文明產生階段、軸心時代、科學技術時代。他在《歷史的起源與目標》(vom Ursprung und Ziel der Geschichte)中寫道：

以西元前 500 年為中心——從西元前 800 年到西元前 200 年——人類的精神基礎同時地或獨立地在中國、印度、波斯、巴勒斯坦和希臘開始奠定。而且直到今天人類仍然附著在這種基礎上。

在西元前 800 年到西元前 200 年間所發生的精神過程，似乎建立了這樣一個軸心。在這時候，我們今日生活中的人

第三章　春秋戰國時期

開始出現。讓我們把這個時期稱之為「軸心的時代」。在這一時期充滿了不平常的事件，在中國誕生了老子和孔子，中國哲學的各種派別的興起，這是墨子、莊子以及無數其他人的時代。

這個時代產生了所有我們今天依然在思考的基本範疇，創造了人們今天仍然信仰的世界性宗教。

思想家在盤算人們怎樣才能夠最好地生活在一起、怎樣才能最好地對他們加以管理和統治。這是一個革新的時代。

史林折枝

■ 1·中華文化元典

春秋戰國時期，中國最早的一批文化典籍陸續出現。《周易》是一部有關占筮的書。史稱「文王拘而演周易」，說《周易》是周文王被殷紂王拘執在羑里（今湯陰北）時所著，實際上是西周前期巫史集體創造的結晶。現解釋《周易》的《易傳》成書於戰國中後期，它將遠古先民對自然與社會的經驗描述和理解提升到哲理高度。《尚書》是中國最早的王室檔案彙編，其下限是春秋中期，傳世今本當為戰國儒家編輯。《詩經》是中國第一部詩歌總集，成書於春秋末期。《春秋》

是魯國的一部編年史。《儀禮》是先秦貴族主要禮節儀式的彙編，成書於戰國初期至中葉。《周禮》是戰國時期儒家編著的一部理想化的政典。這些中華文化元典，後來經過孔子及其弟子子夏等人的整理、刪定，成為儒家經典。它不僅是一種知識，也反映了儒家文化的「常道」，成為中國文化的本根與靈魂。

2・百家爭鳴

　　戰國時期，以激烈變革的時代為背景，以崛起的士階層為骨幹，以興旺的私學為基地，學術思想界出現了諸子並起、學派林立、相互駁難、「百家爭鳴」的空前繁榮的文化氣象。

　　西漢司馬談把「諸子」概括為陰陽、儒、墨、名、法、道德六家，劉歆又把諸子歸為儒、墨、道、名、法、陰陽、農、縱橫、雜、小說十家。其中影響最大的是儒、墨、道、法、陰陽五家。東周王室所在的洛陽和齊國的稷下學宮是百家爭鳴的中心地區。

第三章　春秋戰國時期

第四章　秦漢時期

第四章　秦漢時期

從西元前 221 年秦朝建立，到西元 220 年東漢滅亡，是中國歷史上的秦漢時期，可分為秦（西元前 221 年至西元前 206 年）、西漢（西元前 206 年至西元 24 年）、東漢（西元 25 年至西元 220 年）三個階段。這一時期國家統一，君主專制的中央集權制加強。中原是秦漢皇朝腹里，東漢時成為畿輔地區，社會經濟文化發展較快。

第一節　秦西漢時期的中原郡國

一、秦朝的統治與階級衝突

秦朝在地方實行郡縣制，中原地區設 7 個郡：南陽郡治宛縣（今南陽宛城區）、三川郡治洛陽、東郡治濮陽、河內郡治懷縣（今武陟西南）、潁川郡治陽翟（今禹州）、碭郡治碭縣（今永城北）、陳郡治陳縣（今周口淮陽區）。郡設守、尉、監等官職。守是郡最高行政長官；尉輔佐郡守，掌軍事；監御史掌監察、法律。郡下設縣，大縣置令，小縣置長，丞輔佐令（長），尉掌軍事。縣下設鄉，置吏有秩、三老、嗇夫、遊徼；又設亭，負責治安、逐捕「盜賊」。

秦朝存在兩種階級矛盾：一是百姓與秦統治者之間的矛盾；二是六國舊貴族與秦統治者之間的矛盾。

第一節　秦西漢時期的中原郡國

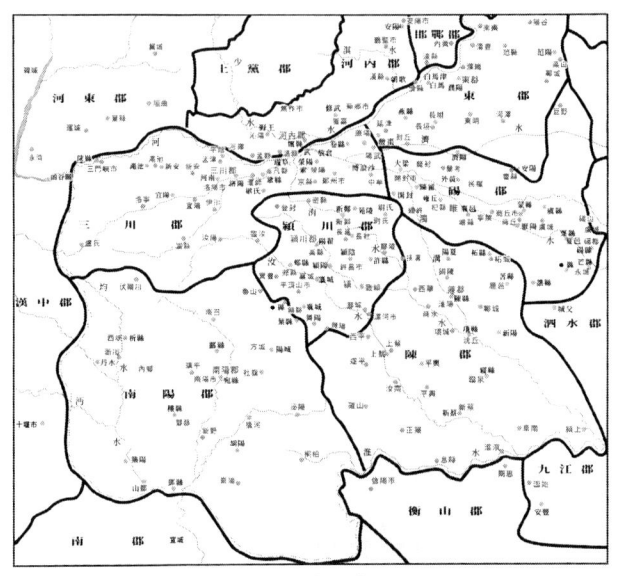

秦代中原地區政區圖

　　秦朝統治者承認私有土地的合法性，確立了封建經濟制度。地主占有較多土地，靠僱傭或出租土地剝削農民而生活；工商業主僱傭破產農民從事工商業生產活動。統治者向人民收取沉重的賦稅，徵發無休止的徭役。「一夫百畝」繳納租穀約 900 公斤，芻稿（飼草禾稈）約 300 公斤，軍賦每人約 120 枚銅錢，還有臨時徵調的雜賦。農民要參戰、戍邊、轉運糧草。小農賦役負擔繁重，常食不果腹；僱農靠出賣勞動力為生。秦律繁雜嚴酷，百姓動輒獲罪，造成「赭衣塞路，囹圄成市」，階級之間的矛盾逐漸激化。西元前 211 年，一塊隕石落到東郡地面，有人在隕石上刻寫「始皇帝死而地分」七字。

第四章　秦漢時期

秦滅亡關東六國，對其舊貴族進行政治打壓和經濟剝奪。張良一家「五世相韓」，既貴且富，入秦朝後家道一落千丈。張良對秦始皇恨之入骨，傾家財募求一位勇士，又製造一個大鐵錘。秦始皇東巡經過博浪沙（今原陽境內），勇士用鐵錘襲擊秦始皇，誤中副車。

秦始皇死，子胡亥即位，對人民殘酷壓榨，「賦斂愈重，戍徭無已」，導致農民起義。

■ 二、陳勝吳廣起義與楚漢爭霸

陽城（今商水西南）人陳勝出身僱農，陽夏（今太康）人吳廣是貧苦農民。西元前209年秋，陳勝、吳廣等900人被徵發戍邊，到蘄縣大澤鄉（今安徽宿州西南）遇暴雨，道路不通，無法如期到達。秦律規定誤期要被斬首，陳勝、吳廣等「斬木為兵，揭竿為旗」，舉行起義，在陳縣（今周口淮陽區）建立「張楚」政權。陳勝派周文率義軍主力攻入函谷關，秦朝把修驪山墓的數十萬刑徒和奴隸編入軍隊，由章邯率領，向義軍反撲，義軍兵敗澠池。秦軍進攻陳縣，陳勝被叛徒殺害，起義失敗。陳勝、吳廣起義是中國歷史上第一次大規模的農民戰爭。

陳勝起義後，楚貴族項梁在吳縣（今江蘇蘇州）起兵反秦，亭長劉邦在沛縣舉起反秦義旗。兩軍發展壯大，殲滅章邯、王離率領的秦軍。劉邦率軍進逼咸陽，秦帝子嬰出降，

秦朝滅亡。義軍盟主項羽自稱西楚霸王，都彭城（今江蘇徐州），分封滅秦功臣18人為王，以劉邦為漢王，都南鄭（今陝西漢中）。此後發生楚漢戰爭。西元前205年春，劉邦利用項羽討伐田榮之機，率兵攻入彭城。項羽率精兵3萬反擊，劉邦敗退滎陽，兩軍在滎陽一帶相持。劉邦占據敖倉，糧食充足，軍威大振。項羽兵疲糧絕，與劉邦講和，楚、漢以鴻溝為界，然後引兵東歸。西元前202年，劉邦率漢軍和韓信、彭越聯合追擊楚軍，項羽在烏江（今安徽和縣東北）自刎。劉邦在陶（今山東定陶）稱帝，建都長安（今陝西西安），國號漢，史稱西漢。

三、西漢政區設置與社會矛盾

西漢的地方制度是郡縣和諸侯國並行。漢武帝時中原地區有八郡和兩個諸侯國。河南、河內、弘農三郡屬於司隸部，潁川、汝南、梁國屬於豫州刺史部，陳留、東郡、淮陽國屬於兗州刺史部，南陽郡屬於荊州刺史部。「洛陽有武庫、敖倉，當關口，天下咽喉」，策略地位重要。

梁國以戰國時魏地為國土。西元前168年，漢文帝徙次子劉武為梁王，就是梁孝王。梁國都睢陽（今商丘睢陽區）城方圓13里，宮闕巍峨，有大縣40個，人口二、三百萬，國力強盛。永城東北芒山的梁王墓鑿山而建，氣勢壯觀。西元前196年，漢高祖封子劉友為淮陽王，以秦潁川郡及陳郡北

部諸縣為國土，都陳縣。

西漢社會主要分為地主和農民兩大階級，土地兼併、小農破產淪為奴婢是主要社會問題，在穎川、南陽兩郡尤為突出。

地主富商強占民田，役使盤剝農民，一部分發展成豪強。穎川、南陽等郡豪強地主大肆兼併土地，役使貧民，魚肉鄉里。如《漢書‧灌夫傳》記載，穎川穎陰（今許昌）人灌夫「家累數千萬，食客日數十百人。陂池田園，宗族賓客為權利，橫穎川」。商人或兼營手工業，或放高利貸，迅速致富，然後投入土地兼併，加快自耕小農破產。

農民包括自耕農、佃農和傭農。自耕農要向國家繳納賦稅，服徭役、兵役。賦稅包括田稅（穀物和芻稿）、人口稅（未成年人稱口賦，成年人稱算賦）和財產稅（貲賦）等。成年男丁每年服役一個月，不服役要上交役錢。小農經濟脆弱，遇水旱災害或賦斂不時就得借貸，無法償還，就賣田宅、鬻子孫，流亡他鄉。

■ 四、王莽改制及綠林起義

漢平帝時太后王政君臨朝，委政姪子王莽，封安漢公。平帝死，王莽攝政。西元9年，王莽代漢稱帝，國號「新」。

為緩和社會矛盾，實行王田私屬製：更名天下田曰「王田」，奴婢曰「私屬」，不得買賣。凡男口不滿八而土地超過一井（900畝）的農戶，分餘田給九族鄰里鄉黨，無田者按一夫百畝的制度受田。又推行「五均」和「六管」，屢改幣制。改制遭到地主商人的抵制反對，造成農商失業，加上自然災害頻仍，百姓大飢，人相食。

18年，王匡、王鳳在綠林山（今湖北大洪山）領導饑民起義。西元22年，蔡陽（今湖北棗陽西南）人劉縯、劉秀兄弟分別在舂陵（今湖北棗陽南）、宛縣起兵，立漢宗室劉玄為更始帝。王莽派大司空王邑和大司徒王尋率領精兵百萬南下，把綠林軍包圍在昆陽（今葉縣南）城中。劉秀夜晚出城調集勇士3,000人，從城西猛攻王尋中軍，城內義軍同時殺出，莽軍死傷慘重，這就是「昆陽之戰」。後來義軍攻占洛陽、長安（今陝西西安），更始帝西遷長安。

更始帝派破虜將軍劉秀鎮慰黃河以北州郡，劉秀在河北發展個人勢力。西元25年7月，劉秀在鄗縣（今河北柏鄉北）稱帝，就是光武帝。部將馮異、吳漢率軍圍攻洛陽城，更始政權守將朱鮪出降。11月，光武帝進入洛陽，定都於此，東漢皇朝建立。

第四章　秦漢時期

第二節
東漢時期的中原地區

■ 一、洛陽城的營建與郡國設立

東漢洛陽城在秦洛陽城的基礎上營建,南北長4.5公里,東西寬3公里,開12門。南宮和北宮有複道連通。南宮是皇帝群臣朝賀議政的處所,宮殿樓閣鱗次櫛比。北宮是皇帝嬪妃寢居之處,建築豪華氣派。德陽殿美輪美奐,可容納萬人。

東漢沿襲西漢舊制,在中原設司隸校尉部和10個郡國。司隸校尉部設在洛陽,轄七郡,其中三郡在今河南境內:河南郡改為尹,治洛陽,河內郡治懷縣(今武陟西南),弘農郡治弘農(今靈寶北)。豫州刺史部設在譙縣(今安徽亳州),轄六郡國,其中四郡國在今河南境內:潁川郡治陽翟(今禹州),汝南郡治平輿,梁國都睢陽(今商丘睢陽區),陳國都陳縣(今周口淮陽區)。東郡治濮陽,陳留郡治陳留(今開封浚儀區陳留鎮),屬兗州刺史部。南陽郡治宛縣(今南陽),屬荊州刺史部。司隸校尉部置司隸校尉,統轄所屬郡縣,糾察「三公」以下朝官。州置刺史,河南尹置尹,主管京都。郡國、縣及鄉亭官吏設定與秦西漢大體相同。

第二節　東漢時期的中原地區

二、逐漸加劇的社會矛盾

東漢南陽、潁川、河內、河南等地豪強地主勢力強大，把持地方政權，占有不少土地和勞動力，影響國家的財政收入和中央集權的強化。河南尹（今洛陽）為都城所在，多近臣；南陽是帝鄉，多皇親國戚，田宅逾制嚴重。各地墾田、戶口數多不實。西元 39 年，光武帝下令實行「度田」，重新丈量土地，考核戶口。度田首先受到大量隱瞞土地的豪強地主的反對，度田官吏又盡量把地主的租稅負擔轉嫁到小農身上，也引起農民的反抗，遂不了了之。東漢豪強開始向士家大族轉化。一些豪強經濟上富甲一方，文化上有家學傳承，政治上世代高官，成為士族。汝南汝陽（今商水西北）袁氏四代有五人擔任三公高官，是全國數一數二的士族。

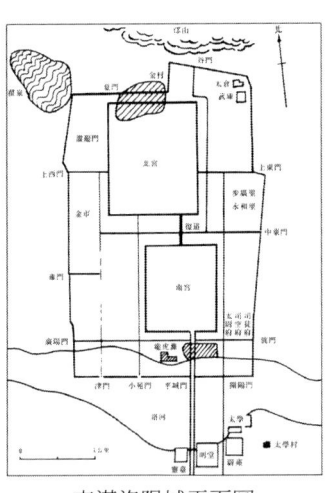

東漢洛陽城平面圖

勞動人民包括自耕農、佃農、僱農、奴婢、賓客等，對地主的依附性增強。自耕農夫婦都參加勞動，仍食不果腹，衣不蔽體，遇天災人禍就破產流亡。奴婢勞動繁重，社會地位低下。依附農民租種地主土地，以大半收穫物繳地租，服無償的徭役，人身也由主人支配。貴族、宦官巧取豪奪，加重了人民的苦難。

■ 三、黃巾起義和董卓之亂

東漢中後期政治黑暗，人民苦難深重，為宗教傳播提供了良機。鉅鹿（今河北寧晉西南）人張角信奉太平道，傳教10多年，徒眾數十萬人，遍佈各地。西元184年4月4日，太平道徒眾發動起義，起義軍頭裹黃巾為記號，人稱黃巾軍。南陽黃巾軍迅速發展到數萬人，殺死南陽太守褚貢，攻占宛城（今南陽）。汝南黃巾軍在召陵（今漯河召陵區）大敗汝南太守趙謙，潁川黃巾軍也發展成一支強大的隊伍，後被皇甫嵩、朱儁帶領官軍鎮壓下去。黃巾軍堅持戰鬥13年，沉重打擊了東漢皇朝的統治。

西元189年8月，大將軍、南陽人何進為盡誅宦官，召擁兵河東（今山西南部）的軍閥董卓進入洛陽。董卓專擅朝權，派兵四出搶掠。汝南汝陽（今商水西北）人袁紹在北海（今山東濰坊一帶）起兵討伐董卓，諸州刺史和郡守紛紛響應，各領兵數萬進屯中原。董卓脅持漢獻帝遷都長安（今陝

西西安），強令洛陽附近百姓隨同西遷，把洛陽的宮殿、宗廟、官府和民房全部燒毀。數百萬人同時上路，遭受士兵驅趕踐踏，死屍盈路。次年春，長沙太守孫堅率軍在洛陽城南擊敗董卓，董卓在長安被殺。「董卓之亂」帶給中原地區人民深重的災難。

第三節
社會經濟的迅速發展

一、社會經濟的發展

秦朝實行「上農除末」政策以發展農業，但軍隊和官僚機構龐大，加上大規模戰爭，築長城、修驪山墓，「竭天下資財以奉其政」，社會經濟難以發展。秦末的戰爭使經濟遭受嚴重破壞。漢高祖詔令士兵解甲歸田，流亡山澤的百姓各歸本土；免自賣為奴婢者為庶人；田租採取十五稅一制。文帝和景帝減輕賦役，恢復社會經濟。經過 200 年的發展，中原成為以若干重要都市為依託的、聯繫密切的強大經濟區。

西漢末的戰亂使中原經濟遭到破壞，東漢統治者注重畿輔地區的經濟恢復與發展。光武帝詔令釋免奴婢為庶人，「度田」在一定程度上減輕官吏、豪強轉嫁給小農的負擔。漢明

帝時人口增加，墾田增多。中原人口近千萬，人口數量和密度居全國之首，經濟領先於全國。

豪強地主和貴族多以買賣形式兼併土地。宛縣（今南陽）人吳漢因戰功封侯，「妻子在後買田業」。外戚馬防兄弟各「資產巨億，皆買京師膏腴美田」。地主貴族把農民土地占為己有，把破產農民變為依附者，建立田莊，以農業為主，兼營牧養、水產、林果、紡織等副業和手工業，是一種自給自足的經濟實體。中原田莊經濟發達，「豪人之室，連棟數百，膏田滿野，奴婢千群，徒附萬計」。

■ 二、水利與農業的發展

秦、西漢時期，中原水利發達，是全國重要的糧食和絲綢產區，東漢中原農業生產水準在全國處於領先地位。

黃河、淮河及其支流常發生洪水，治河防洪勢在必行。秦朝曾在黃河下游修築堤防。西漢黃河下游決口頻繁，朝廷與郡國徵發工卒治河修堤。西元前168年，黃河在酸棗（今延津西南）決口，東郡徵用士卒堵塞。西元前109年，朝廷委派汲仁和郭昌徵發士卒數萬人堵塞黃河瓠子（今濮陽西南）決口。西元前29年，黃河在東郡金堤決口，漢成帝派河堤使者王延世領工卒堵塞。東漢初黃河水浸入汴渠，兗、豫兩州水災連年。西元69年，王景、王吳帶領數十萬士卒，修築滎陽以下千餘里黃河大堤和相應工程，又整治汴渠渠首，建造水

第三節　社會經濟的迅速發展

閘，使「河、汴分流，復其舊跡」。此後黃河近千年未發生大的決溢改道。

中原大部分地區年降水量偏少，土地需要灌溉。秦朝在濟源東沁水上築枋口堰，建閘開渠，引水灌溉。漢武帝時在汝陽（今汝南）東汝水和洪水之間興修鴻隙陂工程，灌溉良田數千頃。汝南郡穿渠引淮水溉田萬餘頃，成為魚米之鄉。西元前 34 年，南陽太守召信臣率眾立穰西石堨截斷湍水建鉗盧陂，灌溉土地 3 萬多頃。汝南、南陽二郡形成以陂塘、溝渠組成的長藤結瓜式水利灌溉系統。漢成帝時鴻隙陂因水溢成災而被平毀。東漢初都水掾許揚主導修復鴻隙陂，起塘 400 餘里，溉田數千頃。31 年，杜詩遷南陽太守，「修治陂池，廣拓土田，郡內比室殷足」。河內、魏郡修復戰國時的漳水支渠，灌溉民田。

中原地區農業生產活動普遍使用鐵器和牛耕，出現長直轅犁，犁鑱犁頭加大，二牛共挽，破土力強，墾田數量增加。播種採用耬播，同時播種三行，撒播均勻，深淺一致。弘農郡（治今靈寶東北）曾實行代田法，把耕地分治成圳（田間小溝）、壟相間，種子播在圳底，幼苗在圳中生長。中耕時將壟上的土和草鋤入圳中以培壅苗根，可耐旱防倒伏，大面積增加產量。西漢後期一些地方實行區種法，在小塊土地上精耕細作。東漢用淡水沖洗鹵土，改良鹽鹼地，種植水稻，汲縣（今衛輝）令崔瑗為民開稻田數百頃。農作物品種增多。陳留、河內、河南、南陽諸郡是桑（柘）蠶和麻的主要產區。

三、手工業的蓬勃發展

漢代中原地區的手工業在全國居領先地位。西漢全國設鐵官 40 多處,中原有 6 處,負責採礦、冶煉和鐵器鑄造;設工官 8 處,中原有 4 處,負責製造兵器、車器和漆器等;設 2 處服官,中原有 1 處。私營手工業也很發達,如宛縣孔氏「大鼓鑄」,「致富數千金」。平民家庭手工業更為普遍。東漢洛陽有管理官營手工業的機構。

西漢中原冶鐵業發達,河南省境內發現西漢冶鐵遺址 10 多處。鄭州古滎鎮冶鐵遺址面積約 12 萬平方公尺,出土陶質鼓風管、耐火磚和陶模、鼎足範和鐵器等,發現兩座冶鐵高爐殘跡,一座爐日產鐵 1,000 公斤。鞏義鐵生溝遺址出土鍊鐵爐 17 座,以及大量鐵塊、耐火磚、木炭、煤餅和礦石等。鐵器品種有白口鐵、灰口鐵、麻口鐵、高碳鋼、中碳鋼、展性鑄鐵和石墨球化鐵。其中一件鐵钁有良好的球狀石墨,把世界球墨鑄鐵的歷史提前 2,000 多年。

魯山望城崗冶鐵遺址 1 號爐

第三節　社會經濟的迅速發展

　　陳留、河南、河內三郡盛產絲織品，產量居全國第二。西漢末已使用提花織機，東漢織機設腳踏板，效能提高。襄邑（今睢縣）以「出文繡」著稱，朝廷在此設服官，有數千人生產活動絲綢。洛陽少府設有織室。紡織是農民的主要家庭副業，襄邑民間織造錦繡之風甚盛，鄧縣（今鄧州）的麻織馳名遐邇。中原生產活動的絲綢透過絲綢之路遠銷西域。

　　木器加工也是主要行業。以木竹作胎表面塗漆稱漆器，懷縣（今武陟西南）、陽翟（今禹州）、宛縣（今南陽）都有生產活動。野王（今沁陽）用苧麻布與漆製造紵器。陶瓷與磚瓦燒製、糧食加工和釀酒、金銀和玉器也是中原的重要手工業門類。

四、交通與商業的發展

　　秦朝統一貨幣、度量衡、修馳道，有利於商業發展。中原交通四達，洛陽地處關東經濟區西緣，無漕運之險，成為水陸交通中轉站。秦都咸陽到達東部沿海的馳道經洛陽、滎陽，然後向東北經濮陽抵達齊魯，東南經睢陽（今商丘睢陽區）或淮陽（今周口淮陽區）可達吳楚，北經河內可抵燕趙，南經新鄭可達潁川、汝南。黃河下游有鴻溝運河，西漢稱狼湯渠。又有汴渠，可連通黃河、淮水。東漢派班超出使西域，歐亞絲綢之路重新開通。洛陽成為絲路的東端起點和全國的交通中心。汴渠是黃河和淮河之間的水運要道，漕船可

由汴渠入黃河、洛水、陽渠，到達洛陽城東太倉。

西漢鹽鐵官營，私營商業也較發達。不少商人兼營手工業，成為工商業主。宛縣孔氏「連車騎，遊諸侯，因通商賈之利」。洛陽人師史「轉轂以百數，賈郡國，無所不至」。漢宣帝時有富冠海內的「天下名都」11座，中原有溫（今溫縣）、軹（今濟源軹城鎮）、滎陽、宛（今南陽市）、陳（今周口淮陽區）、陽翟（今禹州）、洛陽等7座。洛陽是全國商品的重要集散地，宛縣是僅次於洛陽的商業中心城市。東漢洛陽是全國商業中心，有大市、馬市、南市及粟市，市場規模大，商品數量多，「船車賈販，周於四方；廢居積貯，滿於都城」。西域諸國使者常到洛陽向朝廷貢獻名貴特產，朝廷則「厚加賞賜」。洛陽居住著許多西域商客，銷售胡貨，是國際性商業都市。

第四節
文化的發展與定型

秦漢時期是中原文化的拓展定型期。漢族文化隨著漢民族形成而形成。東漢洛陽是全國的文化中心，儒學興盛，佛教傳入，道教形成。文學、史學從經學中分離出來，張衡、張仲景在天文學和醫學方面貢獻重大。

第四節　文化的發展與定型

■ 一、思想演變與宗教傳播

秦朝初建時，上蔡人李斯提出尊君主建帝制、廢分封行郡縣、禁私學尊法教等一系列政治主張，影響深遠。西漢時，洛陽人賈誼倡導民本思想，強調禮制，主張重農抑商、削弱諸侯實力；潁川（治今禹州）人晁錯力主削奪諸侯封地，勸農務本；洛陽人桑弘羊強調鹽鐵官營有益於國，無害於民，主張工商業與農業並重。

漢代學者對河圖洛書的傳說有較多演繹。孔安國連結「洪範九疇」和洛書，坐實「河圖是八卦，洛書是九疇」之說；鄭玄對河圖洛書及相關的九宮問題作重要發揮，提出探討洛書數字排列規則的重要依據。

東漢統治者提倡讖緯。讖是預決吉凶的隱語、圖記，緯書是對六經的附會。南陽西鄂（今南陽石橋鎮）人張衡認為讖緯欺世罔俗，應予禁絕。他所著《靈憲》提出宇宙形成的三個階段，認為「道」就是元氣，天地萬物是由元氣分化出來；又堅持渾天說，認為地居中心不動，天在外面旋轉，天地之外沒有人知道的就是宇宙。

東漢迷信思想氾濫，為宗教傳播提供了一定條件。印度佛教傳入中原，道教形成。西元 65 年，漢明帝派蔡愔、秦景等到大月氏（今阿富汗）求取佛經，邀請高僧迦葉摩騰和竺法蘭來到洛陽，在雍門外修建中國第一座佛寺——白馬寺。秦

漢皇帝崇信神仙以求長生，民眾信仰多神，道教在社會上層思想信仰與民間信仰互動中形成。漢順帝時琅邪人宮崇向朝廷獻上《太平經》，漢桓帝派人往苦縣（今鹿邑）祠祀老子，在洛陽濯龍宮祭祀黃老。上行下效，「百姓稍有奉者，後遂轉盛」。漢靈帝時鉅鹿（今河北平鄉西南）人張角傳布太平道，信徒眾多。

■ 二、經史與文字學的發展

西漢在郡縣設學校，由博士、經師傳授儒經，中原研習者眾多。梁國（今商丘）人戴德和姪子戴聖分別選擇先秦關於禮儀的言論，纂輯成大戴和小戴《禮記》，創大小戴禮學；頓丘（今清豐）人京房以「通變」觀點解《易》，人稱京氏易學。東漢洛陽是全國經學研究和傳播的中心。西元79年，在洛陽白虎觀召開儒學會議討論相關問題，由班固纂輯成《白虎通義》。熹平年間，學者蔡邕等「正定」六經文字，刻石立於洛陽太學門前，稱「熹平石經」。河南滎陽人服虔和開封人鄭興、鄭眾父子都是著名經學家。東漢四方名儒雲會洛陽。扶風平陵（今陝西咸陽西北）人賈逵在章帝時入宮講授《左傳》，著《周官解詁》等；茂陵（今陝西興平東北）人馬融官至議郎，著《春秋三傳異同說》，注經書多種。

東漢洛陽朝廷設蘭臺令史，掌圖書兼撰史傳。右扶風安陵（今陝西咸陽東）人班彪曾續寫《史記》，作《後傳》65篇。

其子班固在洛陽任蘭臺令史,繼承父志撰成《漢書》。它是中國第一部紀傳體斷代史。東漢一代的紀傳體史書《東觀漢記》,也在洛陽南宮東觀修撰。

戰國時期各國文字不同,秦朝李斯主張統一文字,作小篆《倉頡篇》。東漢汝南召陵(今漯河市召陵區)人許慎著《說文解字》,包羅篆、籀、古文,收 9,353 個單字,依照自己歸納的漢字構造的「六書」(象形、指事、會意、形聲、轉註、假借)規則,從形、音、義三方面逐字解說,分類列入 540 部,是中國第一部系統的文字學專著。

三、文學藝術的繁榮

漢代中原文學繁榮,出現一批著名文學家和名篇佳什。洛陽人賈誼是西漢辭賦大家,其〈弔屈原賦〉、〈鵩鳥賦〉形象鮮明,詞采華麗,開漢代騷體賦之先河。司馬相如的〈子虛賦〉和枚乘的〈七發〉都在梁國(今商丘睢陽區)寫成。張衡的〈二京賦〉、〈南都賦〉是散體大賦的傑作;〈歸田賦〉是最早的抒情小賦。陳留圉縣(今杞縣圉鎮)人蔡邕的〈述行賦〉揭露腐敗的社會現實,詠物賦文詞雅麗。漢武帝在東郡瓠子(今濮陽縣境)作〈瓠子歌〉,渲染黃河洪水的迅速,述寫堵塞決口經過。張衡的〈四愁詩〉抒發對國事的憂慮,蔡邕的〈飲馬長城窟行〉膾炙人口。《古詩十九首》有幾篇在洛陽寫成,是文人創作五言詩成熟的象徵。賈誼的政論文多用典故,語

言形象誇張，〈過秦論〉理喻切中肯綮，文筆生動流暢；潁川郡（治今禹州）人晁錯的奏疏語言簡練，論述深刻。

書法繪畫和音樂舞蹈成就顯著。李斯任秦朝廷尉、丞相時，省改史籀大篆為「小篆」，其《倉頡篇》用筆嚴謹，流暢美觀，泰山、嶧山、琅琊臺刻石「畫若鐵石，字若飛動」，「骨氣豐勻，方圓妙絕」。蔡邕擅長篆、隸書，創造飛白體，曾為《熹平石經》書丹，在書寫技法和鑑賞方面卓有建樹。漢魏時期是墓室壁畫的興盛期，永城芒山柿園梁王墓前室頂部的四神雲氣圖，構圖完整，線條流暢；新密後士郭、打虎亭漢墓壁畫反映了漢代社會生活場景。畫像石是在石塊平面上陰刻線條表現藝術畫像，南陽畫像石內容豐富，以寫意為主，風格樸拙。東漢洛陽設有太樂署和樂府，宮廷雅樂分為太平樂、周代雅樂、黃門鼓吹與皇家後宮宴樂。「相和大麴」是有代表性的大型宮廷音樂。宮廷舞蹈有武德舞、文始舞、五行舞、巴渝舞，場面宏大，動作優美；民間有長袖舞、巾舞、盤鼓舞等。

四、科技與教育的進步

秦漢時期中原天文學、醫學和冶金技術都取得突出成就，學校教育發達。

西漢河南陽武（今原陽東南）人張蒼「著書十八篇，言陰

陽律歷事」。洛陽一座西漢墓的主室頂脊繪有 12 幅天象圖，是中國已發現最早的星象圖。東漢洛陽靈臺是一座國家天文臺。張衡曾任太史令，著《靈憲》，提出五星視運動理論，解釋日食、月食的成因，其《渾天儀注》全面闡述渾天說，提出地球為中心的宇宙論，又製造渾天儀和地動儀，用以觀摩星象、測報地震。南陽郡（治今南陽市）人張仲景總結前人經驗，融入自己行醫體會，著《傷寒雜病論》，提出辨證診斷法，分病患為陰症或陽症，辨明病症的表裡、虛實、寒熱，再根據病症性質分別採用發汗、吐排、瀉下和服藥治療，為中國傳統醫學建立起一套疾病診斷和治療方法的體系。

張衡像

漢代中原冶鐵技術明顯提高：冶爐的容積和鼓風量增大，鐵礦石細微性均勻，用石灰石作熔劑。能將鑄鐵進行柔化處理，使生鐵變成可鍛鑄鐵或展性鑄鐵。韌性鑄鐵和鑄鐵脫碳鋼的生產活動工藝成熟，掌握了將鑄鐵脫碳成鋼和將生鐵炒煉成鋼的技術。模範的設計製作較科學，金屬範扣合嚴密，鑄件精度高，又普遍使用「疊鑄」工藝，可以一次澆出多個鑄件。

第四章　秦漢時期

漢代中原官學教育發達。西漢已建立郡國學校，東漢形成中央官學、地方官學教育系統。洛陽太學是中國年代最早規模最大的高等學府，學生多達 3 萬人，教授《詩經》、《尚書》、《禮記》、《周易》和《春秋》五經，每經又分若干家之說，稱「十四博士之學」。鴻都門學是中國第一所文藝專科學校。郡國官學由博士和文學史執教，學生先學《爾雅》、《孝經》和《論語》，然後專攻一經。私學教育也較發達。進行啟蒙教育的學校是家塾和書館，教學生識字、寫字，以及簡單的數字計算，初讀經書章句。許多名儒設立精廬或精舍進行專經教育，學生成百上千。

讀史益智

■ 絲綢之路

絲綢之路的東端起始點先後是中國的長安和洛陽，西端到地中海沿岸，轉達羅馬各地。

西漢張騫鑿空，通使西域（玉門關以西的地區），促進了東西經濟文化上的交流。都城長安（今陝西西安）是絲綢之路的東端起點。王莽時絲綢之路斷絕。東漢建都洛陽。漢明帝時，班超奉命出使西域，東漢和西域的經濟文化交流繼續發

展,絲綢之路的東端起點轉移到洛陽,而且一直延續到魏晉隋唐諸代。

絲綢之路成為世界遺產,其中由中國經哈薩克和吉爾吉斯的一條被稱作「起始段和天山廊道的路網」,中國境內有22個遺址點,河南省境內有4個,即洛陽市的漢魏洛陽城遺址、隋唐洛陽城定鼎門遺址、新安漢函谷關遺址和三門峽市的崤函古道石壕段遺址。

1・三楊莊黃河水患遺址

西漢時期黃河下游不斷發生決溢和改道,造成嚴重災患。今內黃縣梁莊鎮三楊莊一帶是漢代黃河下游主河道流經之地,2003年發現了西漢後期的黃河水災遺址,一片漢代農田和庭院建築因黃河一次大規模洪水氾濫而被泥沙深埋於地下,距現地表面以下5公尺,考古工作者對其中四處農田庭院遺存進行了發掘。庭院佈局、農田壟畦儲存基本完好,屋頂和坍塌的牆體基本保持原狀。清理出屋舍瓦頂、牆體、水井、廁所、池塘、農田、樹木等,並出土一批反映當時生產活動、生活狀況的文物。從第二處庭院遺存的二進院內清出的三枚新莽時的貨幣「貨泉」銅錢,可以確定,這次漢代村莊農田被黃河淹沒深埋,就發生在西元11年的黃河魏郡決口。這次發掘為研究漢代黃河治理和河道變遷提供了新的考古資

第四章　秦漢時期

料,也為研究漢代聚落與農業生產活動、農民生活狀況提供了不可多得的實證資料,具有重要的學術價值。

■ 2.洛陽太學

洛陽太學是東漢時期的最高學府,西元29年始建於洛陽城東南的開陽門外,遺址在今洛陽偃師區太學村西北。當時有太學博士舍和內外講堂,四方士人雲集於此,「諸生橫巷」。光武帝親自到太學視察,賞賜博士弟子。歷經近百年後,太學「學舍頹敝」,教學荒廢。西元126年,漢順帝詔令大規模擴建太學房舍,歷時一年,用工萬餘人,建成240房、1,859室。太學生員人數最多時達3萬人,開設的課程是《詩經》、《尚書》、《周易》、《禮記》、《春秋》五經,每一經又有幾家之說,共14家,稱作「十四博士之學」。漢靈帝熹平年間把經書刻在石碑上,文字為隸體,稱「熹平石經」,立於太學門前。這是官方公佈的經書定本,吸引四方士子前往觀摩抄寫。洛陽太學是東漢經學教育和研究的中心,為漢代經學的繁榮作出了貢獻。東漢後期,正直官吏與宦官展開激烈的對抗,太學生與正直官吏聯繫密切,積極介入時政,成為一種重要政治力量。

第五章　魏晉南北朝時期

　　在魏晉南北朝時期,自然經濟占絕對統治地位,貨幣近於廢棄,這是由於封建依附關係的加強而造成的,但不等於說這個社會就裹足不前了,這個社會的文化就不再向前發展了。相反,在這個歷史時期,無論是經學思想、宗教思想,史學著作、地理學著作,文學創作、文學批評,繪畫、書法、音樂、舞蹈、雜技等等,以及科學技術方面,都有重大的成就。魏晉南北朝時期文化上的成就,為以後唐宋時期文化的發展和繁榮奠基了充分的條件。

—— 王仲犖

第五章　魏晉南北朝時期

從西元 220 年魏國建立，到西元 589 年隋朝滅陳，是中國歷史上的魏晉南北朝時期，包括三國（西元 220 年至西元 265 年）、西晉（西元 265 年至西元 316 年）、東晉十六國（西元 317 年至西元 420 年）、南北朝（西元 420 年至西元 589 年）四個歷史階段。這一時期中國長期處於分裂、戰亂狀態，政權更迭頻繁，階級、民族關係錯綜複雜，各種矛盾衝突加劇。

中原地區三國時基本上屬於曹魏的轄境，西晉時地處畿輔，東晉十六國時主要為北方胡族諸政權統治，南北朝時主要屬於北魏，北魏分裂後主要屬於東魏、北齊。這一時期封建依附關係加強，社會經濟處於破壞、恢復、再破壞、再恢復的循環之中，自然經濟占據主導地位，多元文化融合，成就顯著。

第一節　曹魏西晉時期的中原地區

一、官渡之戰與曹魏政權

西元 189 年冬，譙縣（今安徽亳州）人曹操在陳留己吾（今睢縣東南）起兵討伐董卓，後招降青州黃巾軍 30 萬人，選精壯者組成「青州兵」，在兗州（治今山東鉅野南）發展勢力。西元 196 年，曹操進入洛陽，護衛漢獻帝遷都許縣（今許昌張潘古城），專擅朝權，成為雄居河北四州、擁眾數十萬

第一節　曹魏西晉時期的中原地區

的袁紹集團的主要政敵。西元200年春,袁紹帶10萬大軍從鄴城(今河北臨漳西南)南下,曹軍退守官渡(今中牟東北)。曹操率精兵焚毀袁軍囤積在烏巢(今延津東南)的糧草,袁紹派張郃、高覽領袁軍進攻曹軍大營。曹軍發起總攻,消滅袁軍主力7萬多人,為統一中國北方奠定了基礎。

西元213年6月,漢獻帝冊封曹操為魏公,在鄴城建魏國。西元220年初曹操病死,葬鄴城西,安陽縣安豐鄉西高穴的大墓就是曹操高陵。11月,曹操子曹丕逼迫漢獻帝「禪讓」,在潁陰繁陽亭(今臨潁繁城鎮)稱帝,國號魏,都洛陽。

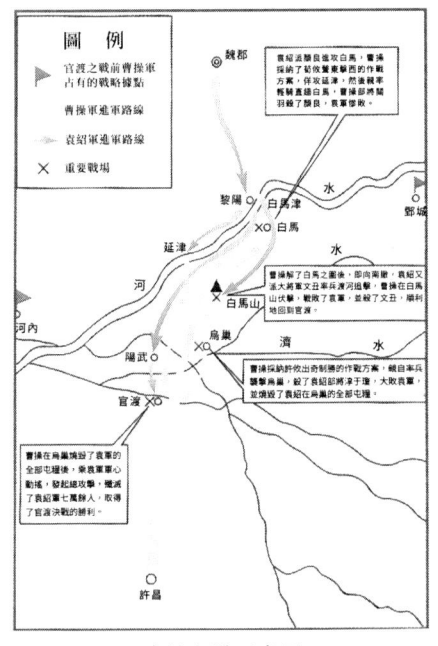

官渡之戰示意圖

第五章　魏晉南北朝時期

曹魏在中原設3個州12個郡國：司州治洛陽、豫州治安城（今正陽東北）、荊州治新野。河南尹治洛陽、河內郡治懷縣（今武陟西南）、弘農郡治弘農（今靈寶北），隸屬司州。汝南郡治新息（今息縣）、弋陽郡治弋陽（今潢川西）、陳郡治陳縣（今周口淮陽區）、梁國都睢陽（今商丘睢陽區）、潁川郡治許昌，隸屬豫州。南陽郡治宛縣（今南陽）、南鄉郡治南鄉（今淅川西南），隸屬荊州。陳留國治陳留（今開封祥符區陳留鎮）；東郡治濮陽，隸屬兗州。

中原是曹魏王朝腹地，統治者委派重臣治理。實行法制，恢復秩序；輕徭薄賦，與民休息；遷民畿輔，充實人口；勸課農桑，發展生產活動。但是勞役頻興，農民負擔加重。

河內溫縣（今屬焦作）士族司馬懿，魏明帝時立下赫赫戰功，官拜太尉。齊王曹芳即帝位，司馬懿和曹爽共同輔政。曹爽奏請進升司馬懿為太傅，而奪其兵權。司馬懿韜光養晦，等待時機。西元249年2月，曹爽陪同魏帝拜謁魏明帝陵墓——高平陵，司馬懿在洛陽發動兵變，處死曹爽。司馬懿死，子司馬師、司馬昭先後任大將軍，獨攬朝權。西元263年，魏帝封司馬昭為晉王。

■ 二、西晉的統治與戰亂

西元265年年底，晉王司馬炎逼魏元帝禪讓，在洛陽南郊即帝位，建立西晉皇朝。西晉仍以洛陽為都城，在中原

第一節　曹魏西晉時期的中原地區

設 2 個州：司州治洛陽、豫州治陳縣。河南尹治洛陽、滎陽郡治滎陽、弘農郡治弘農、河內郡治野王、汲郡治汲縣、頓丘郡治頓丘，隸屬司州。潁川郡治許昌、襄城郡治襄城、汝南郡治新息、弋陽郡治弋陽、梁國都睢陽，隸屬於豫州。此外，陳留郡治陳留、濮陽國都濮陽，隸屬於兗州。南鄉郡治南鄉、南陽國都宛縣、義陽國都新野，隸屬於荊州。中原共 16 個郡國。郡下設縣。

晉武帝封宗室子弟為王，握有軍政實權。晉惠帝皇后賈南風凶險多詐。西元 291 年，她與楚王瑋合謀殺外戚楊駿，以汝南王亮輔政，又指使楚王瑋殺汝南王亮，既而殺楚王瑋，自掌朝政。西元 300 年，趙王倫起兵殺賈後，廢晉惠帝自稱皇帝。齊王冏與成都王穎聯兵討伐趙王倫，惠帝復位，齊王冏專權輔政。後長沙王乂殺齊王冏，河間王顒與成都王穎攻殺長沙王乂，成都王穎專斷朝政。東海王越奉惠帝北征成都王穎失敗，河間王顒逼晉惠帝西遷長安，獨攬朝政。東海王越起兵擊敗河間王顒，迎惠帝回洛陽，朝權落入東海王越手中。八王之亂延續 16 年，中原生產活動停頓，「百姓創痍，飢餓凍餒」，嚴重削弱西晉王朝的國力。

西晉後期中原自然災害頻仍，統治者窮奢極侈，人民負擔沉重，階級矛盾加劇。西元 303 年 4 月，義陽國（都今新野）蠻民張昌起義，義軍轉戰荊、豫、江、徐、揚五州，後被鎮壓下去。

第五章　魏晉南北朝時期

　　西元 308 年，匈奴酋長劉淵在平陽（今山西臨汾）稱帝，國號漢。次年 9 月，劉淵派劉聰、王彌率軍進攻洛陽，在宜陽遭到晉弘農太守垣延的阻擊，大敗而退。11 月，劉聰、王彌等領 5 萬精銳騎兵再次進攻洛陽，晉將北宮純領勁卒搏擊，劉聰收殘兵退回。西元 310 年 11 月，劉粲、劉曜等帶領 6 萬士兵進攻洛陽。洛陽糧盡援絕，東海王司馬越領精兵強將 10 多萬出屯項縣（今沈丘）。次年 6 月，漢將呼延晏等率軍攻陷洛陽，俘晉懷帝，殺洛陽官吏百姓 3 萬多人，宮廟官府焚燒殆盡。這些事件發生在永嘉年間，史稱「永嘉之亂」。中原約 10 萬漢人南遷，史稱「永嘉南渡」，另有數萬家逃奔遼東依附慕容廆，避難西北依附涼州張軌的也絡繹不絕。

　　魏晉時期北方胡族陸續從塞外遷入內地，漢族官僚地主的壓迫和剝削激起他們的仇恨。西晉國力削弱後，蓄之已久的民族矛盾大爆發。永嘉、建興年間，匈奴漢國軍隊殘酷屠殺西晉官僚宗室和漢人。劉曜攻陷洛陽，殺害王公及百官以下 3 萬多人；石勒追晉東海王司馬越之喪，將 10 餘萬晉軍將士包圍射死，帶給中原人民極大的苦難。

第二節
復甦的社會經濟與發展

漢末的戰亂導致百姓流離失所,農業生產活動跌入谷底。經曹魏屯田和興修水利,中原農業生產活動恢復到漢代的水準,甚至在不少方面還超越了。西晉末年發生永嘉之亂,中原漢人大量南遷,農業生產活動又降至低點,工商業遭到破壞。這一時期交通條件改善,中原與周邊的經濟連結加強。

一、屯田制與農業活動的恢復

漢末的董卓之亂和軍閥混戰,導致中原百姓大量死亡,田野荒蕪,經濟遭到嚴重破壞。曹操擊敗黃巾軍,俘獲百餘萬農民,得到不少耕牛和農具。西元 196 年,曹操頒布「置屯田令」,募民屯田許下。西元 221 年,魏文帝詔令天下百姓內徙「中都之地」可免除 5 年租賦,又遷徙冀州士家 5 萬戶充實河南,中原人口快速增長。曹魏在各地設典農中郎將、校尉、都尉,專管屯田民墾荒種糧。屯田以許昌、洛陽為中心,河內、梁國、睢陽、南陽、弘農等地廣興屯田,取得成效。曹魏後期在淮河南北實行軍屯,5 萬士兵從事生產活動,糧食產量比許昌屯田增加 3 倍。屯田帶動了荒地開墾與水利興修。洛陽典農中郎將王昶勤勸百姓,砍開荒地,墾田特多。魏初鄧艾建濟水石門,使黃河、濟水相通並防止水

第五章　魏晉南北朝時期

害。黃初年間司馬孚領河內典農部，改建沁水木闌門為石門，以利灌排。西元241年，開廣漕渠，大治諸陂於潁水南北，穿渠300餘里，溉田2萬頃，使淮南、淮北河道相連。自壽春（今安徽壽縣）到洛陽，「農官田兵，雞犬之聲，阡陌相屬」。

　　魏末晉初民屯制度廢除。為確保國有土地不被侵奪，防止小農脫離國家版籍淪為私屬，晉朝廷頒布占田課田、戶調和蔭客法令，規定一夫一婦的私有土地最多百畝。男女16歲以上至60歲為正丁，13歲以上至15歲、61歲以上至65歲為次丁。丁男按50畝、次丁男按25畝、丁女按20畝土地交納田租。丁男之戶歲輸絹3匹、綿3斤，丁女及次丁男為戶者半輸，稱作「調」。官吏按品級占田，最多50頃，最少10頃，可庇蔭衣食客1至3人，佃客最多15戶。但對官吏占田、蔭客的數量限制很難實行。在洛陽近郊，大國可占田15頃、次國10頃、小國7頃。洛陽城郊及河南郡屬縣的權貴田地星羅棋布，田莊經濟發達。西晉農業生產活動在曹魏的基礎上有新的發展。西元280年，中原人口數量和密度均居全國首位。晉初石門毀壞，滎陽太守傅祗造沈萊堰，「兗、豫無水患」。杜預鎮守荊州，「激用滍、淯諸水以浸原田萬餘頃」。西元269年，汲郡太守王宏督勸百姓開荒5,000餘頃。魏晉時期中原地區大面積種植粟、麥，河畔多栽植水稻。農民多採用「區種法」，精耕細作，產量提高。

第二節　復甦的社會經濟與發展

■ 二、手工業與商業的復甦

魏晉中原官府手工業發達，曹魏少府下設三尚方，西晉少府、衛尉和將作大匠分別掌管一些手工作坊。手工業門類有金屬冶鑄、紡織、金銀玉器加工、陶瓷燒造等。

中原各地的冶鐵作坊繼續從事生產活動。曹魏監冶謁者，南陽人韓暨把改進的水排推廣到官營冶鐵作坊，普遍以煤作燃料和用水力鼓風，爐溫提高，效益提高3倍。「淬火」技術改進，鐵器更堅硬鋒利。恆農郡（治今靈寶北）銅青谷和河內郡王屋山設銅官，採礦冶銅，鑄造銅器、錢幣，洛陽是中國北方銅鏡的主要產地。中原是全國絲織品的中心產區。曹魏洛陽宮廷絲織作坊織造官綀等高等絲織品，襄邑（今睢縣）、河內等絲織中心仍然保持其傳統地位。魏明帝時扶風（今陝西興平東南）人馬均在洛陽任博士，改造織綾機，織綢效率提高。襄邑、朝歌（今淇縣）的絲綢名聞遐邇。

淇縣出土西晉泰始九年神獸銅鏡

第五章　魏晉南北朝時期

　　陶瓷業也很發達，瓷器燒製技術成熟。洛陽的魏晉墓葬中出土陶器種類繁多，西晉墓出土的青瓷通體施青釉，胎質純、硬度高，通體晶瑩，造型美觀。此外，洛陽御府細作等宮廷手工業作坊多用金、銀、玉、石製作器物。

　　農業和手工業的恢復和發展及交通條件的改善，促進了中原商業的恢復。秦漢時已有連接長安、洛陽的「崤函古道」，沿洛河川西上，過崤山雁翎關，到達陝縣（今三門峽市），再沿黃河南岸入潼關。漢末曹操又開闢一條新路，由洛陽沿谷水西上，經澠池過崤山北嶺，到達陝縣。西晉洛陽北黃河富平津架有浮橋。曹魏西晉時常有 5,000 人修建三門峽和八里衚衕峽棧道，以利黃河漕運。建安年間曹操在黃河以北開白溝運河和「利漕渠」，連通黃河與海河水系。魏初在黃河以南修討虜渠引汝水入潁以增加潁水水量，浮潁入淮成為曹魏水運要道。為適應對東吳戰爭的需要，又對汴渠進行整修和疏濬。

　　魏晉中原城市經濟日益活躍。曹魏洛陽「異方雜居，多豪門大族，商賈胡貊，天下四會，利之所聚」，成為中國北方的商業中心。西晉實現國家統一，中原與各地的經濟連結加強，洛陽有大市、馬市和陽市，「納百萬而罄三吳之資，接千年而總西蜀之用」，成為全國的商業中心。

第三節
十六國與北朝的政局

西元317年至西元420年的中國，南方是東晉皇朝，北方諸胡族政權更迭頻繁，史稱五胡十六國。西元420年至西元581年是南北朝時期，南方經歷了宋、齊、梁、陳四朝的更迭，北方先有北魏，後分裂為東魏、北齊和西魏、北周政權。中原地區基本屬於北方。

■ 一、十六國時期的政權動盪

十六國之初，匈奴人建立的漢國軍隊攻占中原，東晉奮威將軍、豫州刺史祖逖曾領兵北伐，一度收復黃河以南地區。西元320年，漢國分裂為前趙、後趙兩國。前趙據有關中，後趙立足河北，兩國在洛陽一帶激烈爭奪，前趙因軍力消耗殆盡而亡國，後趙盡有中原。

西元350年，內黃漢人冉閔奪取後趙政權，建立冉魏。次年，氐族首領苻健在長安（今陝西西安）稱大秦王，史稱前秦。前燕王慕容儁出兵滅冉魏，遷都鄴城（今河北臨漳西南），中原大部分地區為前燕領有。

西元363年，前燕軍隊在懸瓠（今汝南）戰敗晉軍，占領中原西部、南部地區。西元369年，桓溫率晉軍北伐，進

第五章　魏晉南北朝時期

抵枋頭（今浚縣淇門渡），因糧盡而退兵，在襄邑（今睢縣）遭燕軍夾擊，死傷慘重。次年，前秦主苻堅派王猛領步騎 3 萬滅前燕，盡有中原，逐漸統一中國北方。苻堅主張「和戎狄」，優容其他少數民族上層分子和漢族士人，實行民族團結的政策。

西元 383 年，前秦政權因在淝水之戰中失敗而土崩瓦解。原前燕宗室慕容垂建立後燕政權，都襄國（今河北邢臺）。西元 386 年，羌族首領姚萇在長安稱帝，史稱後秦。代王鮮卑人拓跋珪改國號為魏，史稱北魏。中原大部分地區為後燕統治。西元 399 年，後秦姚崇等領兵攻克洛陽，淮、漢以北諸城多降附。西元 416 年 9 月，東晉劉裕率軍北伐。次年 8 月，晉將王鎮惡引軍攻陷長安，滅後秦。東晉控制黃河以南，拓跋魏占領黃河以北。

二、北魏遷都洛陽與改革

西元 420 年，劉裕取代東晉在南方建立宋朝，與北方的拓跋魏相持，歷史進入南北朝時期。

西元 422 年 11 月，北魏出兵攻占洛陽，逐漸拓定司、兗、豫三州。西元 450 年年初，魏太武帝親率大軍南下，圍攻懸瓠（今汝南）。宋軍大舉伐魏，王玄謨引軍進攻滑臺（今滑縣東南），魏軍反擊，宋軍傷亡慘重。西元 466 年，宋將常

第三節 十六國與北朝的政局

珍奇以懸瓠城降魏,淮西七郡相繼歸魏。西元479年5月,蕭道成逼宋順帝退位,建立齊朝,史稱南齊。中國出現北魏與南齊相持局面。

魏都平城(今山西大同)地處邊陲,依賴中原穀帛的支持,但轉輸困難。北魏要與南朝爭正統,因都城偏遠而不利;北魏要採用封建制度,移風易俗,而平城守舊勢力強大。因此遷都勢在必行。西元493年春,有消息說南齊軍隊準備進攻平城,孝文帝決定先發制人,遂率軍南伐,10月到達洛陽。孝文帝詔令六軍繼續南下,群臣苦苦勸阻。孝文帝說,這次大規模興師動眾,不能勞而無功,如果不願南征,就遷都於此。群臣表示贊同。

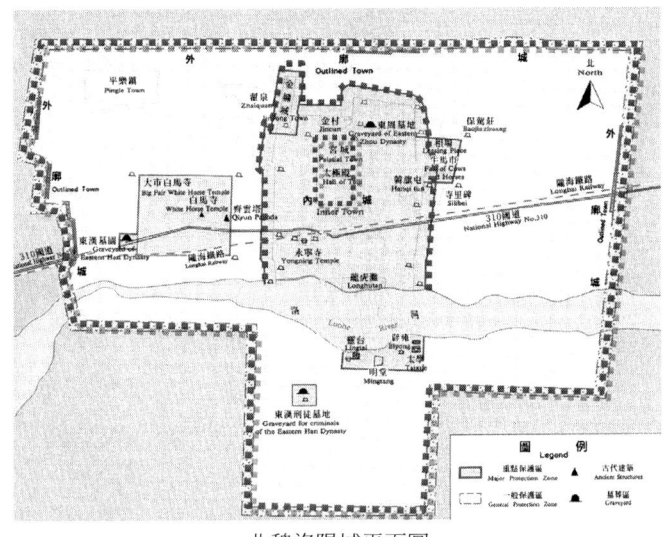

北魏洛陽城平面圖

第五章　魏晉南北朝時期

　　西元 495 年 9 月,孝文帝派穆亮、李沖和董邇主導洛陽城的重建,把舊郭城變為內城,新築郭城向外擴展數里,並新築宮城。宮城南面一條東西大街把京城分為南北兩部分。銅駝街是京城的中心大道,中央衙署和社廟分佈兩側。宣武帝景明年間又詔發畿內民夫 5 萬築洛陽城內 320 坊。北魏洛陽城佈局嚴謹有序,既突出皇宮,又四通八達,為後代效法。

　　北魏入主中原時人民流移、土地荒蕪、生產活動停頓。太和年間孝文帝進行一系列政治經濟改革。廢除北魏前期實行的以宗族大戶包蔭為特點的「宗主督護制」,實行「三長制」:以五家為鄰,五鄰為里,五里為黨,設鄰長、里長、黨長,負責檢查戶口,徵發徭役和兵役。把大戶分成小家,不少被豪強控制的蔭戶變成國家編戶,自耕農的數量增加。北魏前期土地所有權不固定,導致「良疇委而不開」。為發展農業生產活動,推行均田制:15 歲以上男女可向政府領種土地,失去勞動能力或死時交還。所領露田不得買賣,男子 1 人 40 畝,婦女 1 人 20 畝;桑田每戶領 20 畝,可世代相傳,不宜種桑之地領麻田。均田制承認自耕農對原耕土地的占有,並把荒田分配給無地少地的農民,不同程度地限制了豪強地主的土地兼併,對農業的恢復和發展有著一定作用。北魏前期實行「九品混通」的租賦制度,按資產定稅,徵收混亂,田租過重。新的租調製規定:一夫一婦每年出帛 1 匹、

粟2石，自耕農的戶調有所減輕。改制推動了中原經濟發展。

北魏統一中國北方後，各族人民的雜居共處被固定下來。孝文帝遷都洛陽後又改革鮮卑風俗：禁用鮮卑語和其他少數民族語言，推廣漢語；禁穿鮮卑服裝，提倡漢服；改鮮卑族複姓為漢字單姓，令鮮卑貴族和漢士族聯姻；從代郡（治今山西大同）遷洛陽的人一律以洛陽為籍貫，死後葬洛陽。孝文帝的遷都和漢化政策使進入中原的鮮卑等少數民族迅速漢化。

三、河陰之變及北魏分裂

北魏孝文帝遷都洛陽後，曾領兵三次伐齊，把淮河以北地區納入北魏版圖。西元503年，魏軍南下擊敗梁軍，在義陽（今信陽）置郢州。北魏在洛陽設司州，上蔡（今汝南）設豫州，南新息（今息縣）設東豫州。

西元515年，孝明帝幼年即位，胡太后臨朝聽政。西元528年春，孝明帝密令並州契胡首領爾朱榮領兵進入洛陽，以脅迫胡太后交出兵權。胡太后毒死孝明帝，爾朱榮立孝莊帝。5月17日，爾朱榮以祭天為名，縱兵殺害北魏王公卿士1,300多人。此事發生在黃河南岸，稱「河陰之變」。

西元532年，高歡立孝武帝，自任大丞相，坐鎮晉陽（今山西太原）遙控朝政，專權跋扈。孝武帝圖謀除去高歡。西

元 534 年 6 月，高歡統領 24 萬大軍直趨洛陽，孝武帝西逃關中，投依宇文泰。高歡另立孝靜帝，遷都鄴城（今河北臨漳西南）。北魏一分為二，東魏都鄴城，西魏都長安。兩國軍隊不斷在洛陽等地爭戰。西元 550 年 6 月，高洋逼迫東魏孝靜帝禪位，建立北齊政權。西元 557 年年初，宇文覺廢黜西魏恭帝，建立北周政權。西元 577 年，北周出兵滅北齊，毀棄鄴城，改司州為相州，移治安陽；在洛陽設東京六府，徵發山東諸州兵 4 萬人建造宮殿，但未竣工。

第四節
社會經濟的恢復及殘破

十六國時期中原戰亂頻仍，經濟遭受嚴重破壞。北魏前期黃河南北經濟有所恢復，遷都洛陽後，中原經濟發展較快。北魏分裂後黃河以南成為戰場，經濟受到破壞，黃河以北諸郡為「皇畿」，經濟有所發展。

■ 一、農業的恢復

西晉末的永嘉之亂導致「中原蕭條，千里無煙」。十六國的百餘年間，諸政權之間的戰爭，不同民族之間的仇殺，使小農經濟難以維持，經濟形態主要是塢壁經濟，輔之以屯

第四節　社會經濟的恢復及殘破

田。塢壁由數百上千戶組成，平時從事生產活動，有事則作戰防守，使簡單的生產活動得以維持。在十六國諸政權中，後趙、前燕和前秦較重視發展生產活動，恢復經濟。前秦統一中國北方為社會生產活動的發展奠定了基礎。統治者勸課農桑，鼓勵因亂流移者回鄉重操舊業。淝水之戰前中原經濟發展到十六國時期的最高點。

北魏統治者重視農業生產活動。太武帝下令「悉除田禁以賦百姓」。孝文帝太和改制部分緩解了生產活動關係與生產力之間的矛盾，有利於穩定小農經濟，對生產活動的發展有著促進作用。孝文帝責令地方官減輕徭役，盡地利，把代郡百姓數十萬戶南遷中原，勞動力迅速增加。一些地方官勸課農桑，鼓勵墾荒，興修水利，推動了中原地區農業生產活動的發展。又在中原興辦屯田。「別立農官，取州郡戶十分之一以為屯民，相水陸之宜，料頃畝之數，以臟贖雜物餘財市牛科給，令其肆力。」在黃河以北與淮河南北推行軍隊屯田，詔令豫州都督所部及東荊州減戍士營農，水陸兼作；發河北數州田兵 2.5 萬人，通緣淮戍兵合 5 萬餘人，廣開屯田。

北魏後期中原地區農具種類增多，出現平整土地的耙和耮，播種工具耬和窮瓠。實行精耕細作和防旱保墒，注重中耕鋤草、輪作和施肥，掌握了育種、播種時間及良種選擇、培育、儲存、處理技術，每畝一般收粟約 5 石（約 300 公斤）。在洛陽宅地試為區田，畝產高達 12 石（約 720 公斤）。

第五章　魏晉南北朝時期

農業生產活動已發展到較高水準。雖然農業的規模和經濟總量不如漢代，但糧食單產和人均產值已超過漢代。

■ 二、手工業、商業的復甦

北魏後期至東魏、北齊時中原手工業生產活動有所發展。北魏遷都洛陽後，中原增設鐵官，採礦冶煉鑄造鐵器更為普遍。澠池冶鐵遺址附近發現北魏的窖藏鐵器出自澠池、新安、陽城（今登封告成）等10多個鑄鐵作坊。錄尚書事高隆之在相州（治今河北臨漳西南）監造冶爐，用水力鼓風冶鐵鑄器。西元517年，開始開採恆農（治今三門峽）、河內（治今沁陽）等地銅礦，冶鑄銅器、銅錢。

陶瓷器製造業也較發達。新出現兩彩釉陶，北魏晚期出現白瓷，北齊時漳河、衛河流域成為北方瓷器製造的重要地區。范粹墓出土掛綠彩白釉瓷器當為相州窯的早期產品。它是中國迄今見到的最早的白瓷。

紡織是一種家庭手工業，也有專門的手工作坊。西元487年，孝文帝詔令：「罷尚方綿繡綾羅之工，四民欲造，任之無禁」，中原民間絲織繼續保持著傳統地位和精湛技術。東魏、北齊鄴城（今河北臨漳西南）、河內一帶織錦業發達，工藝技術「大優於江東」。

第四節　社會經濟的恢復及殘破

洛陽、鄴城等地的糧食加工作坊多利用水力。釀酒和榨油業興盛。洛陽聚集著各地著名的釀酒專業戶，河東（今山西南部）人劉白墮釀造的「鶴觴酒」流布各地。

農業、手工業的發展為商業發展奠定了基礎。北魏後期洛陽到全國各地的商路四通八達，西域各國與北魏以朝貢與回賜方式的貿易頻繁，大批外商胡客紛至遝來，城市商業繁榮。

北齊范粹墓出土黃釉扁壺

洛陽有居民 10 萬多戶，有大市、小市和四通市。大市遍佈工商店肆，買販雲集，商品繁多。小市是水產品市場，有江南移民 3,000 多家。四通市是與諸國商旅、使臣、歸附者進行商品交易的國際貿易市場，有供外國商客、使臣居住的四館；歸正、歸德、慕化、慕義四里有「附化之民，萬有餘家」，「天下難得之貨，咸悉在焉」。江南珍奇異物，西北牲畜皮毛，中亞以及大秦（羅馬）、波斯（今伊朗）等地的高級工藝品及香料、石蜜、琉璃、寶石等都有銷售，中原的絲綢、瓷器等物產也由此銷往世界各地。北魏後期的洛陽是國際性的商業城市。

鄴城是黃河以北地區的商品集散地。東魏時洛陽市民 40 萬戶遷入，鄴城四民輻輳，里閭闠溢，有東、西二市。

第五節
文化的多元融合

魏晉南北朝時期是中原文化的融合期。北方少數民族入主中原帶來草原遊牧文化。北魏孝文帝推行漢族封建制度，改變鮮卑舊俗，胡族文化和漢族文化逐漸融合。外來的佛教與本土的道教、儒學互相競爭、吸收、融合。洛陽玄學興盛、佛學傳揚，成為北方乃至全國的思想學術中心，中原史學、文學、藝術呈現興盛的局面。

一、玄學思想的興盛與發展

魏晉之際一些士人消極避世，研究《老子》、《莊子》和《易經》，探討宇宙本源、人生目的等抽象的哲學理論，其內容玄遠，故稱「玄學」。洛陽是玄學形成和興盛的地區。何晏、王弼首倡玄風。南陽宛縣（今南陽）人何晏官至侍中、尚書，好老莊言，著《道德論》、《無名論》。山陽高平（今山東微山西北）人王弼隨父在洛陽生活，著《道德經注》、《周易注》、《周易略例》。他們祖述老莊，提出「貴無論」，把「無」作為哲學的最高範疇，認為只要崇尚自然，篤守無為，則萬物自化。

第五節　文化的多元融合

國子祭酒，聞喜（今屬山西）人裴頠倡導「崇有論」，認為「無」不能生「有」，世界上一切事物和現象都是「有」，「道」是萬有的總合。王弼認為「名教出於自然」，聖王使名教反映自然，按道的原則辦事。所謂「名教」是封建政治制度和倫理道德的總稱，「自然」是世間事物的總規律（道）。

阮籍像

魏晉之際「竹林七賢」阮籍、阮咸、嵇康、山濤、向秀、劉伶和王戎在修武飲酒談玄。

陳留尉氏（今屬開封）人阮籍著《通易論》、《通老論》、《達莊論》，認為天地自然存在，萬物自然發生，自然界之外不存在精神性的主宰，幻想一種沒有君臣名教、不受道德約束的「自然」社會，在「名教」與「自然」關係上持折中態度。譙國銍縣（今安徽濉溪西南）人嵇康曾任中散大夫，推崇老莊，著《養生論》、《聲無哀樂論》，認為萬物稟受元氣而生，由陰、陽二氣的作用孕育而成，形、神互相依賴，人性善惡和才能由稟受的氣質決定。人應擺脫名教的束縛，實行「無為而治」。河內郡（治今沁陽）人向秀曾作《莊子注》，「發明奇趣，振起玄風」。他認為萬物自生自化，各任其性，君臣上下關係屬於「天理自然」，主張自然與名教合一。河南（治今洛

陽）人郭象好老莊，擴充向秀《莊子注》別為一書，認為「無不能生有」、「物各自生」。世間萬物毫無原因地獨自生存著、變化著，這就是「獨化」，按照名教的原則生活才符合自然，從而把玄學推向高峰。

魏晉中原士人就「貴無」與「崇有」、「名教」與「自然」、「形」與「神」、「才」與「性」關係開展爭論，在宇宙本體論、認識論、人性論、社會政治理論的認知上比前代更為深入。

二、佛教傳播與道教改革

魏晉時期洛陽是全國的佛教傳播中心，北朝時洛陽、嵩山及鄴城的佛教也極為興盛。漢魏之際南陽人韓林、潁川（治今許昌張潘古城）人皮業等粗通佛法，曹魏中原出現帛法祖、支孝龍、支道林等僧人。西元250年，中天竺（今印度）人曇柯迦羅在白馬寺譯出《僧只戒心經》，首創受戒度僧制度。西元260年，潁川人朱士行前往於闐（今新疆和田）抄寫正品梵書胡本60多萬字，送回洛陽。西晉洛陽有佛寺42所，高僧與名士講佛談玄相得益彰，佛教在中原立足。西元310年，龜茲（今新疆庫車）高僧佛圖澄東來，被後趙石勒奉為國師。佛圖澄的高足、扶柳（今河北冀州）人釋道安率徒避亂王屋山，移居陸渾（今嵩縣）、新野，南下襄陽弘法。北魏孝文、宣武帝和胡太后在洛陽建寺造像，正光年間洛陽佛寺已有1,367所。菩提流支等高僧在洛陽永寧寺譯經，禪學、

第五節　文化的多元融合

華嚴學在中原流行。西元518年，洛陽崇立寺比丘惠生與敦煌人宋雲到天竺（今印度）烏萇國取得大乘經典170部。虎牢（今滎陽氾水）人慧可到少林寺隨南天竺僧人菩提達摩學習禪法。北魏分裂後洛陽僧徒多遷鄴城，鄴城有佛寺4,000所，僧尼8萬人。西元543年，慧可到鄴城傳法，禪宗始分為南、北宗。

漢魏之際在漢中傳教的五斗米道首領張魯投降曹操，徒眾8萬多人遷洛陽、鄴城。西晉時天師道、帛家道在中原有一定影響。北魏初上谷昌平（今屬北京市）人寇謙之在嵩山石室修習五斗米道，託言太上老君授予「天師之法」，編《雲中音誦新科之誡》，造《籙圖真經》。他依據這兩部新經清理整頓道教，除去「三張」（張修、張衡、張魯）之法，專以禮度為首，加上服食閉練，使道教與封建禮教結合，成為為封建統治服務的新道教。北魏遷都後，在洛陽設立道坊，行拜祠禮。

三、學術的延續及發展

魏晉南北朝時期中原儒學延續，史學繁榮，輿地學興起，目錄學與文字音韻學成就顯著。

魏晉洛陽是全國經學研究教育的中心。東海郯（今山東郯城北）人王肅任祕書監、太常，為《尚書》、《詩》、《論語》、《三禮》、《左傳》作解，又整理其父王朗所作《易傳》，並列學

第五章　魏晉南北朝時期

官，和門徒眾多的鄭學相頡頏。北朝中原儒學守護古文經學之藩籬，以章句訓詁為學問，淵綜廣博為高。

魏晉洛陽朝廷設定史官從事史書著述，私家修史蔚然成風。建安年間潁川潁陰（今許昌）人荀悅任祕書監，依《左傳》體例修撰《漢紀》。西晉河內溫縣（今屬焦作）人司馬彪任祕書丞，著東漢史書《續漢書》；巴西安漢（今四川南充北）人陳壽在洛陽任著作郎，著《三國志》；安定朝那（今寧夏固原東南）人皇甫謐徙居新安（今澠池），著《帝王世紀》。北魏東清河鄃縣（今山東淄博東南）人崔鴻參修國史，著《十六國春秋》。東魏楊衒之撰寫《洛陽伽藍記》。西晉時汲郡（治今衛輝）一座戰國魏國大墓出土竹簡數十車，其中的《竹書紀年》是魏國的一部編年史。西晉河東聞喜（今屬山西）人裴秀官至司空，派遣人力對《禹貢》九州的範圍及西晉十六州的山嶽、河道、城邑、交通進行查核，繪製《禹貢地域圖》18幅，是中國最早的歷史地圖集。他提出分率（比例尺）、準望（方位）、道里（距離）、高下（地勢起伏）、方邪（傾斜）、迂直（山川走向）等「製圖六體」，對後世影響很大。北魏范陽涿縣（今河北涿州）人酈道元曾任治書御史、河南尹，撰《水經注》。

魏晉洛陽朝廷藏書管理較完備。魏末河南開封人鄭默任祕書郎，整理祕書、中、外三閣圖書，編成目錄書《中經簿》。晉初潁川潁陰（今許昌）人荀勗領祕書監，與中書令張華等編成《中經新簿》，收載圖書1,885部，分為四部，在圖

書編撰學上有重要地位。曹魏太和年間清河（治今山東臨清東北）人張揖在洛陽任博士，所著《廣雅》是研究古代詞彙訓詁的重要資料。西晉呂忱曾任義陽王典詞令，著《字林》，弟呂靜編《韻集》。

四、文學創作的繁榮

魏晉南北朝時期是中國文學走向自覺的時期，中原地區湧現出眾多名家名作。

詩歌方面，建安年間「三曹」（曹操、曹丕、曹植父子）、「七子」中阮瑀、應瑒以及女詩人蔡琰，魏正始年間的阮籍、嵇康，晉太康年間潘嶽、陸機、江總等，都有佳篇傳世。曹操的樂府詩〈薤露行〉、〈蒿里行〉反映戰爭帶來的苦難。曹丕的詩作多寫戀情和別情。曹植的〈送應氏〉反映董卓之亂帶給中原的破壞，〈名都篇〉、〈白馬篇〉感情奔放、清新激越。陳留尉氏（今屬開封）人阮瑀的〈七哀詩〉、〈怨詩〉反映當時的社會生活，汝南南頓（今項城西南）人應瑒的〈公宴詩〉寫曹丕與鄴下文士飲宴盛況。陳留圉縣（今杞縣圉鎮）人蔡琰的五言〈悲憤詩〉「感傷亂離，追懷悲憤」，是文人敘事詩的傑作。阮籍的 80 多首詠懷詩揭露社會黑暗，表達苦悶心情，風格委婉含蓄，寓意深邃，象徵著五言詩的成熟。嵇康的〈答二郭〉、〈憂憤詩〉憤世嫉俗，風格峻切。中牟人潘嶽的〈悼亡詩〉抒情細緻，〈關中詩〉揭露戰亂帶給民眾的苦難；潘尼的

〈三月三日洛水作詩〉、〈贈河陽詩〉辭藻華麗。北朝中原一些樂府民歌價值較高。

〈木蘭辭〉約作於北魏遷都洛陽以後，寫少女木蘭代父從軍的故事，句式反覆迴旋，筆法誇張敷陳。

曹植和左思的辭賦占有重要地位。西元222年，曹植赴洛陽朝覲，歸途渡洛水，作〈洛神賦〉，熔鑄神話題材，透過夢幻境界，描寫人神戀愛的悲劇。晉初齊國臨淄（今山東淄博市臨淄區北）人左思在洛陽撰〈三都賦〉，文辭鋪張誇飾，氣勢磅礴，豪士爭相傳寫，使洛陽紙貴。

曹丕在孟津寫〈與吳質書〉，憶昔日南皮之遊，傷生離死別之情。阮瑀〈為曹公作書與孫權〉鋪張揚厲，縱橫馳騁。阮籍的〈大人先生傳〉對社會狀況進行深度的揭露和尖銳批判，使氣騁辭，奇偶相生，韻散間雜，風格獨特。

曹丕在《典論·論文》中指出「建安七子」在各體文章創作中的短長，強調「文以氣為主」，文章是「經國之大業，不朽之盛事」。陸機的〈文賦〉論述各種文體的風格特徵，探討立意與修辭的關係，對後世有一定影響。

五、藝術成就的提升

魏晉南北朝時期中原的藝術成就，主要表現在書法、石窟造像和音樂舞蹈等方面。曹魏潁川長社（今長葛東北）人鍾

第五節　文化的多元融合

絲的隸書「獨探神妙」，又創製楷書，剛柔兼備，幽深古雅，稱「正書之祖」，〈丙舍帖〉、〈上尊號奏〉及「五表」堪稱代表。北朝寫經真跡與墓誌、碑刻、塔銘、造像題記，構架緊密，方筆折角，骨力雄勁，稱魏碑體。龍門石窟造像記中的「龍門四品」最為精美。開封人鄭道昭有〈鄭文公碑〉和〈雲峰山四十二種〉，被尊為「北聖」。

北朝鑿窟造像之風甚盛，龍門古陽洞、賓陽洞等 23 個洞窟為北朝開鑿。賓陽中洞主佛釋迦牟尼像是北魏造像藝術的代表，前壁南面兩側的帝后禮佛圖形象逼真，雕工高超。鞏縣石窟第一窟門內的 6 幅「帝后禮佛圖」浮雕最為精美。

曹魏朝廷設樂官負責宮廷音樂演奏和蒐集整理古代樂曲。阮瑀、阮籍、阮咸善彈琴作曲，妙解音律。北魏平定河西得〈西涼樂〉、〈龜茲樂〉，滅北燕得〈高麗樂〉和〈百濟樂〉，平定江淮得到流傳南方的漢晉中原舊曲及江南〈西曲〉、〈吳歌〉，又得〈疏勒樂〉。這些樂曲融入洛陽舊樂，統稱清商曲。魏宮廷有〈武頌〉、〈太韶〉、〈大武〉舞，晉宮廷有〈武始〉、〈咸熙〉、〈章斌〉舞。北朝音樂舞蹈受北方各族樂舞與佛教梵樂影響，呈現出新的特點。

龍門石窟賓陽中洞立佛一鋪

六、科學的發展與教育

魏晉南北朝時期中原地區在天文曆法、醫學及農業、冶鑄與機械製造技術方面成就顯著。

魏晉洛陽朝廷設太史令負責觀測天象,制定曆法。曹魏楊偉製作的《景初曆》「究極精微,盡術數之妙」。西晉太史令陳卓繪成一幅精密的圓形蓋天式星圖,有1,464顆星。孟津朝陽北魏元乂墓室頂部的天象圖,繪有星辰300餘顆,反映了北魏天象觀測的成果。西晉太醫王叔和把張仲景的《傷寒雜病論》整理為《傷寒論》和《金匱要略》,又撰成中國第一部系統全面的脈學專著《脈經》。安定朝那人皇甫謐隱居新安(今澠池),撰寫《針灸甲乙經》。洛陽龍門石窟有北齊時開鑿的「藥方洞」,刻方140個,藥物120種,製法有丸、散、膏、湯,反映了北朝醫學水準。

北朝中原農民已掌握選種、播種、耕耘、除草、輪種、套種、保墒、施肥及栽植、嫁接等技術。魏晉之際鍛鐵技術普及,西晉用「百煉鋼」製兵器。曹魏扶風(治今陝西興平東南)人馬鈞在洛陽任給事中,製造「水轉百戲」、「翻車」(龍骨水車)、轉輪式拋石機和指南車。

曹魏重新創辦洛陽太學,正始年間重刻「五經」於石,每一字用古文、篆、隸三種字型書寫,立太學講堂前,稱《正始石經》。西晉初對太學進行整頓,創辦國子學。西元513

年，北魏建成洛陽太學、國子學和四門小學。曹魏中原州郡均設官學，西晉地方官學發展較快。北魏詔立鄉學，郡置博士、助教。私學教育也較發達。兒童啟蒙教育首先學習識字、書寫、記誦六十花甲子順序及進行簡單的計算。

讀史益智

■ 曹操高陵

曹操是漢末著名政治家、軍事家和文學家，三國曹魏政權的奠基者，死後諡號武王，葬高陵。傳說曹操為避免其墓被盜，修建72疑塚。於是曹操墓在何處成為千古之謎。

2008年12月至2009年2月，文物考古研究所對安陽縣安豐鄉西高穴村附近的兩座大墓進行搶救性發掘。2號墓墓門有精美的石刻畫像，墓室內發現三個人骸骨，一男二女。經科學比對和分析，男性遺骸約60多歲，女性一位50多歲，一位20多歲。室內陪葬品較為豐富，可復原者250餘件，有青石圭、璧等禮器，鐵甲、劍、弩、鏃等兵器，以及車馬雜器、用具、裝飾品、陶瓷器和59塊刻銘石牌。圭形石牌銘文為「魏武王常所用格虎大戟」、「魏武王常所用格虎短矛」。墓上原有上千平方公尺的地上建築群——陵園。

根據墓葬形制與規模、出土遺物、石牌銘文的內容及字

第五章　魏晉南北朝時期

型、墓主骨骼的鑑定,並結合《魯潛墓誌》和西門豹祠的相互位置,以及歷史文獻記載的魏武陵位置,考古學界和政府相關部門確認該墓就是魏武王曹操的高陵。

曹操墓被發現的消息公佈後,產生了轟動的效應,也有一些人對發掘和認定表示懷疑,個別學者也對曹操墓持有爭議意見。政府相關部門明確表示「曹操高陵的考古發掘、學術認定和研究成果公佈等程序符合考古工作規程」。如今,曹操高陵本體保護和展示工程已經竣工,供遊客參觀。

史林折枝

■ 1・士族的興起

士族又稱世家大族。他們世代多高官,又有較強的經濟力量和一定的家學傳統。中原士族在東漢後期已經出現,以汝南袁氏和弘農楊氏為代表,但在建安年間遭受打擊而一蹶不振。這時又有新的士族興起,而貴盛於曹魏西晉。

建安年間汝穎地區湧現以陳群、荀彧、鍾繇等為首的士族地主群體,這是一個以門第和儒學相結合的政治集團。中原地區是魏晉時期世家大族最為集中的地區。穎川郡有荀氏、陳氏、鍾氏、庾氏,滎陽郡有鄭氏,陳郡有袁氏、殷氏、謝氏、何氏,南陽郡有劉氏、樂氏、宗氏,順陽郡有范氏,汝南郡有

周氏、應氏，濟陽郡有江氏、蔡氏，河南郡有褚氏。

中原士族對魏晉政治和文化影響巨大。曹魏西晉時期影響較大的是穎川陳氏、鍾氏、荀氏和河內司馬氏，在東晉南朝影響較大的是陳郡謝氏和穎川庾氏，北朝則以滎陽鄭氏影響較大。

2・五胡十六國

從西元316年匈奴人劉淵建立的漢國出兵滅亡西晉，到西元420年南朝劉宋政權建立的百餘年，在中國南方是東晉政權，北方則是五胡十六國。

五胡指當時中國北方入主中原的五個少數民族，就是匈奴、鮮卑、羯、氐、羌。最先入主中原的是匈奴和羯人，後來鮮卑、氐、羌人陸續入主。北方少數民族在魏晉時期陸續內徙，導致中原地區民族矛盾日益激化。

十六國是少數民族及漢人建立的割據一方的國家政權，有匈奴人建立的漢（後改名前趙）、夏、北涼，羯人建立的後趙，鮮卑人建立的前燕、後燕、西燕、西秦、南涼、南燕，狄人建立的前秦，巴氏建立的成漢，羌人建立的後秦，漢族人建立的前涼、西涼和北燕。其中除巴氏的成漢政權立國中國西南地區外，其他政權都在中國北方。中原地區十六國時期先後為漢、後趙、前燕、後燕、前秦、後秦諸政權統治，丁零人和慕容鮮卑人曾分別在滑臺（今滑縣東）建立翟魏和南燕政權。

第五章 魏晉南北朝時期

第六章　隋唐時期

唐長孺君子之於學，百工之於技，自三代歷漢至唐而備矣。故詩至於杜子美，文至於韓退之，書至於顏魯公，畫至於吳道子，古今之變，天下之能事畢矣。

——蘇軾

第六章 隋唐時期

毫無疑問，農業和絲織業這兩項，南北朝以至唐代前期北方都居於領先地位，因而儘管南方經歷六朝的顯著發展，但經濟中心仍在北方。

從西元581年隋朝建立，到西元907年唐朝滅亡，是中國歷史上的隋唐時期，包括隋（西元581年至西元618年）、唐（西元618年至西元907年）兩個歷史階段。這一時期國家昌盛，經濟發展，文化繁榮。中原地處隋唐畿輔，經濟文化領先於全國。安史之亂對中原經濟造成一場大破壞，唐後期形成藩鎮割據局面，全國的經濟重心開始由中原向江南轉移。

第一節
隋朝與唐朝前期的河南道

一、隋朝的中原政局

北朝的地方行政機構為州、郡、縣三級，民少吏多，隋朝改為州（郡）、縣兩級，在中原地區設18郡：河南尹治河南縣（今洛陽西工區）、弘農郡治弘農（今靈寶北）、滎陽郡治管城（今鄭州）、梁郡治宋城（今商丘睢陽區）、淮陽郡治宛丘（今周口淮陽區）、襄城郡治承休（今汝州東）、潁川郡治潁川縣（今許昌）、汝南郡治汝陽縣（今汝南）、淅陽郡治南鄉（今

第一節　隋朝與唐朝前期的河南道

淅川西南)、南陽郡治穰縣（今鄧州）、淯陽郡治武川（今南召東南）、淮安郡治比陽（今泌陽）、東郡治白馬（今滑縣東）、魏郡治安陽縣、汲郡治衛縣（今衛輝）、河內郡治河內（今沁陽）、弋陽郡治光山、義陽郡治義陽（今信陽）。郡置太守、通守，縣設令、丞、主簿、縣正。

隋都大興城（今陝西西安）地處關中，不利於控制關東地區和全國物資的調運。洛陽地置適中，交通便利。西元604年，隋煬帝詔令營建洛陽為東京，以楊素為營造東京大監，徵調民工200多萬人施工，次年初竣工。東京城包括宮城、皇城和外廓城。楊素是隋文帝的重臣，而受隋煬帝猜忌，其子楊玄感心不自安。

西元611年，隋煬帝率軍東征高麗（今朝鮮），楊玄感在黎陽（今浚縣）倉督運軍糧。西元613年7月，楊玄感聚兵南下，迅速發展到10萬人，圍攻洛陽城。楊玄感反隋最終失敗，但隋統治階層的內部分裂加劇。

隋煬帝大興土木，發動對高麗的戰爭，丁壯多被徵調服役或參戰。統治階層變本加厲進行盤剝，農民無法生存，只好起身反抗。西元611年，東郡吏翟讓聚集百餘人在滑州瓦崗寨（今滑縣東南）起兵，稱瓦崗軍。後來士人李密投靠瓦崗軍，成為首領。瓦崗軍在滎陽大海寺消滅20萬隋軍，攻克洛陽金墉城。隋煬帝派江都通守王世充率10多萬士兵圍剿，瓦崗軍失敗。

第六章　隋唐時期

■ 二、唐朝前期的中原政局

　　西元 618 年，隋煬帝被殺，東都留守元文都擁立越王楊侗為帝，唐王李淵在長安稱帝。次年，王世充在洛陽自稱皇帝，國號鄭。唐秦王李世民帶兵圍攻洛陽城，王世充降唐，中原歸唐朝統治。

　　唐代地方行政機構是州（府）、縣兩級。唐太宗李世民對州縣「大加並省」，改變了中原的混亂局面。唐代依據山河自然形勢將全國劃分為 10 道，遣使分道巡察。黃河以南屬河南道，黃河以北屬河北道，淮河以南屬淮南道，南陽盆地屬山南道。後來增加到 15 道。一度把洛州、汝州從河南道分出，設都畿道駐洛陽，河南道駐汴州（今開封）。

　　河南道範圍廣大，今河南省地域屬於其西部。洛州（河南府）治河南縣（今洛陽西工）、汝州治梁縣（今汝州）、陝州治陝縣（今三門峽）、虢州治弘農（今靈寶北）、許州治長社（今長葛東北）、汴州治浚儀（今開封）、蔡州治汝陽（今汝南）、滑州治白馬（今滑縣東北）、陳州治宛丘（今周口淮陽區）、宋州治宋城（今商丘睢陽區），均屬河南道；懷州治河內（今沁陽）、衛州治汲縣（今衛輝）、相州治安陽，屬河北道；鄧州治穰縣（今鄧州）、唐州治比陽（今泌陽），屬於山南道（山南東道）；光州治定城（今潢川）、申州治義陽（今信陽），屬淮南道。

第一節　隋朝與唐朝前期的河南道

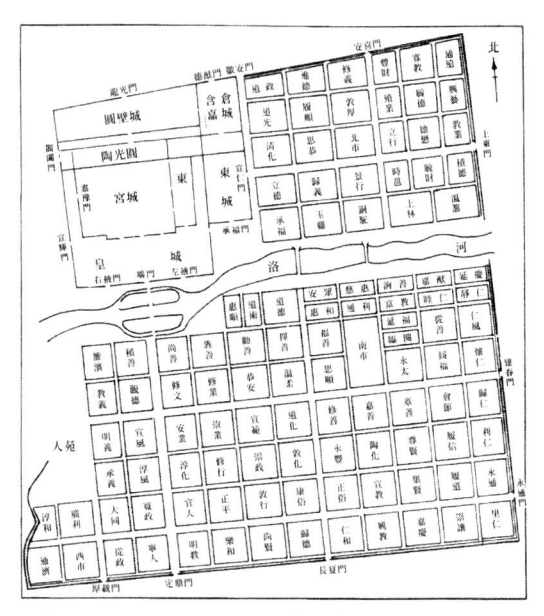

唐洛陽皇城與里坊圖

　　西元 631 年，唐太宗詔令修治洛陽宮。西元 657 年，唐高宗又令修葺洛陽宮苑，增建殿堂設施。西元 670 年，改洛陽為東都。西元 690 年，武則天稱帝，國號「周」，以洛陽為神都，在宮城內建永珍神宮、天堂，端門外建天樞、則天門及闕，新建文昌臺及定鼎、上東諸門，修築外郭城垣。西元 705 年，唐中宗復位，洛陽仍為東都。

　　唐東都外郭城略呈方形，南面正門定鼎門寬 28 公尺，有三門道和雙闕。定鼎門大街是城市的南北軸線，街道縱橫交錯組成 109 個里坊。皇城位於郭城西北隅。宮城在皇城北

第六章　隋唐時期

部，應天門由門樓、堆樓、闕樓和城牆、廊廡構成宏偉的建築群。乾元殿高 40 公尺，長 115 公尺，寬約 59 公尺，建在三重平臺之上，是九間九檁的三層重簷樓閣，紅牆黃瓦，雕梁畫棟，飛簷排角，透花欞窗。唐洛陽城的佈局對後代都城建設有較大影響。

第二節
經濟的恢復及發展

隋朝實現國家統一，為經濟復甦奠定了基礎。隋唐統治者推行一系列政策措施促進社會經濟的發展，唐開元、天寶年間中原經濟達到較高水準，成為全國經濟最發達的地區。

■ 一、均田制與農業發展

西元 581 年，隋朝頒行均田令：農民丁男、中男一夫受永業露田 80 畝，婦 40 畝，桑（麻）田 20 畝。男子 18 至 60 歲要從課役：丁男一床（一夫一婦）租粟三石（約 180 公斤）。戶調絹以匹，加綿三兩；布以端，加麻三斤。河南、河內諸郡地少人眾，農民受田多不足規定畝數，租調卻以床收取，負擔頗重，貴族官僚占有大量土地卻享有免役的特權。

西元 624 年，唐朝頒行均田制：丁男、中男給 1 頃，戶

第二節　經濟的恢復及發展

主加 20 畝。授田十分之二為世業，可繼承；十分之八為口分，死後交回。工商業者授田減半，有官爵者授予數量不等的永業田。此制承認農民在隋末戰爭中獲得部分土地的現實，分給無地少地的農民部分荒地和官地，庶民地主的田地依舊保留。賦役法規定：男女 16 歲為中，21 歲為丁，60 歲為老。每丁歲入租粟 2 石（約 120 公斤）。調交綾絹各 2 丈、絲綿 3 兩；或麻布 2.4 丈、麻 3 斤。丁每年服役二旬，不服者收庸每日 3 尺。隋代，中原是全國人口最稠密的地區。隋末的戰亂造成人口急遽下降。至西元 639 年，河南道僅有 130 多萬人，占隋代的 1 ／ 10。唐初允許從關中逃到河南道的大批百姓在新居地落戶。西元 691 年，徙關內民戶數十萬以實洛陽；西元 722 年，又徙河曲六州殘胡 5 萬餘口於許、汝、唐、鄧、仙、豫等州。有組織的徙民和人口自然增長使中原人口數量回升。至西元 742 年，中原人口達 690 萬，占當時全國總人口的 1 ／ 7，為農業生產活動提供了充足的勞動力。在陳州（治今周口淮陽區）、許州（治今許昌）、豫州（治今汝南）實施民屯。中原西部貧瘠的山地得到墾殖，河內郡（治今沁陽）和相州（治今安陽）、衛州（治今衛輝）淤灌改良鹽鹼地種植水稻。

　　水利工程陸續興修。隋初在梁縣（今汝州）東修築黃陂。懷州（治今沁陽）刺史盧賁率眾修利民渠決沁水東注，一支渠流入溫縣，「以溉舄鹵，民賴其利」。在濟源東北開百尺溝引

濟水灌溉，新息（今息縣）開鑿玉梁渠，陝州（治今三門峽）開鑿南北利人渠。西元666年，唐高宗詔令增修汝州梁縣（今汝州）黃陂灌溉工程；西元671年，相州刺史李景在安陽縣西開挖高平渠。開元年間疏濬豫州新息（今息縣）玉梁渠，灌溉農田3,000餘頃。農具改進，出現曲轅犁。農作物品種比前代增加，旱地作物廣泛種植，在淮河、唐白河和濟水流域多植水稻。中原成為全國糧食和桑麻的主要產區。

二、手工業的繁榮

隋朝至唐朝前期，中原手工業在全國占重要地位。洛陽設少府監、軍器監、將作監管理官營手工業生產活動。河北諸郡送工藝戶陪東都3,000餘家。唐高宗時關中雍、同等州很多工商家遷到洛陽。武周時洛陽尚方監有短蕃匠5,029人，綾錦坊、內作巧兒407人，內作使、掖庭綾匠233人，配諸司諸使雜匠125人。各州設作院，生產兵器、絲織品等。私營手工作坊多集中在都市。手工業門類有紡織、陶瓷燒造及釀酒、雕刻、造紙、造船、製鏡等。隋朝至唐朝前期，河南、河北道的絲織品居全國首位。相州（治今安陽）的綾文細布特別著名，紗、絹、葛布成為貢品。宋州（治今商丘）的絹全國第一，鄭州、汴州（治今開封）、懷州（治今沁陽）次之。唐全盛時每年從河南道徵收絹700多萬匹、絲綿200萬屯（每屯6兩）、麻布1,000多萬端（每端5丈）。河南府（治今洛陽）的絲

第二節　經濟的恢復及發展

織品除作為貢賦外,又透過絲綢之路遠銷西域。

陶瓷燒造進入高峰期。今安陽、鞏義、新密、郟縣、鶴壁等地發現隋唐瓷窯,所燒瓷器以青瓷為主。隋朝開始燒造白瓷,唐前期繼續發展,鞏義黃冶、鐵爐村瓷窯遺址出土白瓷 10 多個品種,安陽相州窯、新密西關窯、登封曲河窯都燒造白瓷。河南、河北道白瓷產量與日俱增,中國陶瓷逐漸形成「南青北白」新格局。唐高宗時洛陽一帶的製陶工匠用礦物作陶坯釉料,先後經約 1,100°C 和 900°C 的溫度燒製,呈現多種色彩,而以黃、綠、藍為基調,稱「唐三彩」。鞏義黃冶發現唐三彩窯爐 5 座,產品塑工精細、造型生動、色彩斑斕。

洛陽關林出土唐黑釉三彩馬

金屬鑄造業發展。隋朝河南澠池、河內河陽(今孟州西北)設有冶官,陝州是官營礦冶業的主要基地之一,冶銅作坊眾多。河南伊陽縣(今嵩縣舊縣鎮)五重山的銀、錫礦得以

第六章　隋唐時期

開採冶煉。桐柏圍山城發現唐宋時期的冶銀遺址。

大運河開通後造船業發展迅速，洛陽、汴州（治今開封）等地有大型作院從事船隻建造和修復。此外，造紙業也有發展，雕版印刷出現。

■ 三、交通及商業的發達

隋朝至唐前期，中原地區交通發達，商業恢復發展，與周邊地區乃至外國的商品交換增多。

西元 605 年，隋煬帝詔令在黃河以南開鑿通濟渠，從洛陽西苑引谷水、洛水經洛口（在今鞏義）達黃河，再從板渚（今榮陽東北）引河水入汴水，從浚儀（今開封）向東南引汴水入泗水，在盱眙（今屬江蘇）入淮水，又疏通拓寬山陽瀆，使淮水與長江連通。次年在黃河以北開鑿永濟渠，引沁水南通黃河，疏濬曹魏時開鑿的白溝運河，北至涿郡（今北京）。西元 610 年，又開鑿江南河，引長江水入錢塘江。隋唐大運河以洛陽為中心，北抵涿郡，南達餘杭（今浙江杭州），全長 2,400 公里，把海河、黃河、淮河、長江、錢塘江五大水系融為一體，成為中國南北交通的大動脈。中國大運河列入《世界遺產名錄》，河南境內的遺產點有通濟渠鄭州段、商丘南關段、商丘夏邑段，永濟渠滑縣段，洛陽回洛倉、含嘉倉和浚縣黎陽倉。

第二節　經濟的恢復及發展

洛陽是隋唐大運河的中心。通濟渠唐代稱「汴河」,「西通河洛,南達江淮」,各地漕商船隻可直抵洛陽城內。洛陽至長安的水運繼續利用黃河水道,唐高宗時鑿三門峽棧道以挽漕舟,唐玄宗時在三門峽開鑿石渠,稱「開元新河」。

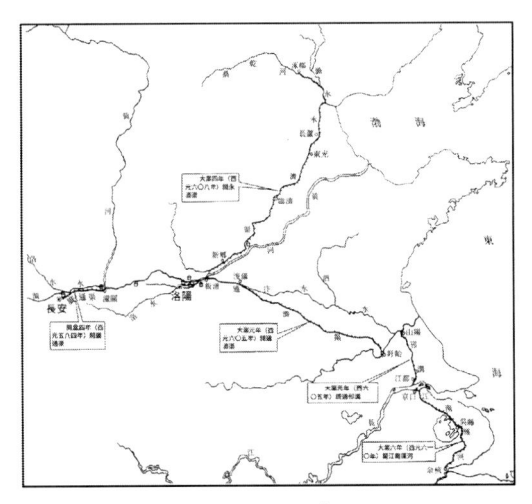

隋唐大運河示意圖

隋唐時期,洛陽是中原最大的商業都會。隋煬帝曾徙洛州郭內人及天下諸州富商大賈數萬家以實洛陽,江南諸州科上等民戶分房入東都居住的「部京戶」6,000多家。洛陽城有居民20多萬戶,豐都、通遠、大同三大市場。豐都市有120行,3,000餘肆,「珍奇山積」;通遠市東連漕渠,其上各郡國舟船,數以萬計。唐高宗時「徙關外雍、同、秦等七州戶數十萬,以實洛陽」。洛陽城內人口超過100萬,有100多個行

會，南、北、西三市。洛陽是歐亞絲綢之路的東端起點，也是僅次於長安的國際性大都市，粟特等國商人雲集，中亞、西亞、東歐、北非諸國商旅往來頻繁。洛陽曾出土波斯、大秦錢幣和表現外商騎駱駝販運絲綢的三彩陶器。商人從國外購入珠寶、胡粉、香料等奇珍異產，輸出絲製品、陶瓷器。唐代汴州（今開封）城內人口近60萬，也是雄踞一方的大都會。

第三節
唐朝後期的藩鎮割據與動亂

一、安史之亂與中原形勢

混血胡人安祿山得唐玄宗和楊貴妃賞識，任平盧、范陽（今北京）、河東三鎮節度使。西元755年，安祿山與平盧兵馬使史思明在范陽起兵，南下攻克洛陽，自稱皇帝，國號燕。這就是安史之亂。

叛軍的殺掠激起中原軍民的反抗，南陽、睢陽（今商丘睢陽區）保衛戰可歌可泣。南陽是江漢屏障，節度使魯炅率軍5萬駐守。西元756年，叛將武令珣帶兵圍攻南陽，魯炅率軍民與叛軍浴血奮戰年餘，突圍南下襄陽，江漢地區得以保全。睢陽扼中原至江、淮的通道。西元757年年初，尹子奇

帶 13 萬叛軍進攻睢陽，張巡與許遠率 7,000 名守軍同叛軍戰鬥 400 多次，矢盡糧絕，仍堅持戰鬥，直至城陷。睢陽保衛戰阻止叛軍南下，對整個戰局有重大影響。

中原軍民與叛軍進行浴血苦戰時，郭子儀指揮官軍收復洛陽，進軍鄴城（今安陽）。安祿山死，部將史思明降而復叛，再次攻占洛陽稱帝，被其子史朝義殺死。西元 763 年叛軍首領相繼降唐，史朝義自殺，歷時 8 年的安史之亂結束。

中原是安史之亂受害最嚴重的地區，人煙斷絕，千里蕭條，經濟長期難以恢復。

二、藩鎮割據與農民起義

安史之亂後，唐朝開始在內地設立方鎮和節度使，藩鎮逐漸成為擁有土地、人民、兵甲、財賦的割據勢力。唐後期藩鎮幾乎遍佈中原，昭義鎮、宣武鎮（駐今開封）、淮西鎮（駐今汝南），是中原的三大割據勢力。

昭義鎮割據相（治今安陽）、衛（治今衛輝）、洺（治今河北永年東南）、邢（治今河北邢臺）四州。史朝義部將薛嵩降唐後任相州刺史，乘機擁兵割據。薛嵩死，弟薛崿知留後事。兵馬使裴志清驅逐薛崿，投降田承嗣，昭義鎮併入魏博鎮。

宣武鎮割據汴、宋（治今商丘睢陽區）、亳（治今安徽亳州）、穎（治今安徽阜陽）四州。節度使田神玉死，都虞候李

靈曜作亂。唐朝廷派淮西節度使李忠臣等擒斬李靈曜。永平軍押牙劉洽出兵攻占宋、濮、汴三州，朝廷以劉洽為汴宋節度使。劉洽死，子劉士寧繼任。行汴州事李萬榮驅逐劉士寧自任節度使。李萬榮死，割據結束。

淮西鎮轄申（治今信陽）、光（治今潢川）、蔡（治今汝南）三州。西元778年春，節度使李忠臣族子李希烈驅逐李忠臣自立，帶兵南取襄陽，北攻汴、宋。西元784年春，李希烈在汴州（今開封）稱帝，國號大楚。兩年後李希烈被部將陳仙奇殺死，吳少誠殺陳仙奇據有淮西。西元814年，吳元濟繼任，屠舞陽，焚葉縣，攻掠魯山、襄城，長驅殺傷搶劫上千里。西元817年，宰相裴度督諸軍討伐，李愬率軍攻陷蔡州，生擒吳元濟，中原最大的割據勢力被消滅。

唐後期藩鎮爭雄奪利，干戈擾攘。黃河南北「農桑俱廢，井邑為墟。丁壯服其干戈，疲羸委於溝壑」。城鄉殘破不堪，經濟凋敝。

西元873年，河南道發生特大旱災，農民以草根、槐葉為食，官府仍然催租逼賦。次年，王仙芝與尚讓、尚君長率數千農民在長垣首揭義旗，攻克曹州（治今山東曹縣西北）、濮州。西元875年7月，冤句（今山東菏澤西南）人黃巢聚眾響應，掀開大起義的序幕。西元876年9月，起義軍南渡黃河，克陽翟（今禹州）、郟城（今郟縣）等8座縣城和汝州，

兵鋒直指洛陽。唐朝調集大軍防守，起義軍轉攻光（治今潢川）、申（治今信陽）、唐（治今唐河）等州，南下荊襄。西元878年年初，黃巢引軍攻宋、汴等州，兵鋒再指洛陽，因唐軍有備而轉向江淮。次年8月，起義軍第三次進軍中原，兵臨洛陽城下，唐東都留守吳允章出降。黃巢西入關中，在長安建大齊政權。西元883年5月，黃巢率15萬義軍東出潼關，在泰山狼虎谷全軍覆沒。起義軍多次轉戰中原，沉重打擊了唐王朝的統治。

第四節
社會經濟的停滯與變遷

安史之亂使中原經濟遭受嚴重破壞，藩鎮割據又導致社會經濟持續波動和停滯，而江南經濟持續發展，全國經濟重心開始從中原地區南移。

一、農業、手工業的恢復與發展

安史之亂後，中原社會大亂，均田制瓦解，官僚、地主和商人廣占土地，地主田莊擴大，自耕農減少，依附農民增多，計丁徵稅很難兌現，國家財政收入沒有保證。西元779年，楊炎任相，推行「兩稅法」：徵稅以戶籍和貧富為依據，

分秋、夏兩次徵收，租庸、雜徭全部省除而保留丁稅數額。田畝之稅率以西元 779 年墾田之數為準均徵。行商在所郡縣稅 1／30。兩稅按資產區分等級徵收，使「富人多丁」以及浮客承擔法定賦稅。但朝廷財政開支全部攤派到百姓身上，人民負擔難以減輕。

唐朝廷為盡快恢復農業生產活動，在有閒田處普遍設立營田，中原多州有營田區分佈。西元 796 年，宣武軍（治今開封）觀察巡官崔翰掌管軍田，「鑿澮溝，斬茭茅，為陸田千二百頃，水田五百頃。連歲大穰，軍食以饒」。西元 817 年，分蔡州上蔡、郾城、遂平、西平四縣為溵州，始開屯田，瀕臨溵水連綿 200 里的土地變成膏腴之田。一些藩鎮為壯大經濟實力，不得不專注發展生產活動。朱全忠據宣武（今開封），「內闢汙萊，屬以耕桑，薄其租賦」，以恢復生產。河南尹張全義進據洛陽，派屯將分赴各縣招撫農戶，勸課農桑，派屯副安輯流民，5 年後家家有蓄積。張全義前後治洛陽 40 年，河南府經濟復甦。陳州（今周口淮陽區）秦宗權敗亡後，趙犨招撫流亡，恢復農桑，弟趙翔開鑿翟王河以溉稻粱，倉廩充實。西元 822 年，河陽（治今孟州南）節度使崔弘禮修治河內秦渠，溉田千頃。西元 825 年，河陽節度使溫造役使民工 4 萬人，開濬懷州古秦渠枋口堰，灌溉附近 4 縣田 5,000 餘頃。

第四節　社會經濟的停滯與變遷

唐後期中原手工業緩慢發展。黃河南北的絲織品生產仍然保持著優勢。元和、長慶年間河北道貢納特殊絲織品的州由前期的 5 個增加到 9 個，河南道貢納州數增長近一倍。洛陽官營紡織作坊的絲織品樣式不斷翻新。白瓷生產進入興盛期，種類增多。在鞏義黃冶唐三彩窯址的唐晚期地層和灰坑中發現青花瓷片，還有部分白釉灑點藍彩的彩釉瓷器，當為中國青花瓷的發源地。河陰（今鄭州西北）、洛陽設鹽鐵院，掌管銀、銅、鐵、錫等金屬的開採冶煉和食鹽專賣。

安史之亂後中原的商品經濟仍在發展，糧食和茶、漆、竹、木等都作為商品進行交易，銅錢流通領域擴大。行會組織開始出現。商稅逐漸增長，行稅和地稅相繼創立。

二、經濟重心開始向南轉移

從秦漢到唐前期的上千年中，黃河中下游地區一直處於全國經濟的重心地位，唐玄宗時，中原仍為全國經濟最發達的地區，「大河南北，人戶殷繁，衣食之源，租賦尤廣」。黃河南北一直是洛陽糧食消費及關中糧食補給的主要來源之一，少府所屬絲織作坊分工之細、織染技術之精，仍為江淮地區所不及，生產絲織品的數量和品質遠遠超過南方。安史之亂後情況開始發生變化。

黃河中下游地區經過上千年的開發，發展潛力已不大。

第六章 隋唐時期

唐安史之亂後中原藩鎮割據，戰亂頻仍，而長江流域卻相對安定。大量中原百姓南遷，帶去大批勞動力和先進技術，長江中下游地區進入全面開發耕地時期，稻麥複種推廣，水稻生產活動集約化超過北方，經濟作物種植面積擴大。在手工業方面，江南道的絲織貢品從唐前期的 7 州 10 種發展到後期的 15 州 32 種，躍居全國首位，中原退居其後。江南絲織技術已不亞於，甚至開始超過北方，絲織手工業生產在數量、品質上逐漸趕上北方，有些種類已超過北方。唐前期洛陽、汴州是極其繁華的商業都會，安史之亂後失去在全國經濟中原有的地位。而在江南，作為運河漕運樞紐的揚州繁華程度僅次於長安，長江下游的建康（今江蘇南京）、蘇州、杭州，中游的江陵（今湖北荊州）、洪州（治今江西南昌）、尋陽（今江西九江）以及華南的廣州、明州（治今浙江寧波）、泉州迅速興盛起來。總之，安史之亂後整個南方的社會經濟繼續加速發展，而黃河南北的社會經濟發展停滯甚至萎縮。全國的經濟重心從黃河流域開始穩健、逐步地轉移到長江流域。但全國經濟重心的南移是一個緩慢的歷史過程，到南宋時期方全面完成。

第五節
中原文化的繁榮期

隋唐時期是中原文化的繁榮期。洛陽設有國子監諸學，科舉制度創立並初步完善，濟濟人才為文化興盛奠定了基礎。韓愈、杜甫等人的文學成就舉世矚目，西域樂舞、雜技相繼傳入，書法家顏真卿、褚遂良留下諸多墨寶，吳道子被尊稱為「畫聖」。科學技術有很大進步。

一、哲學思想與學術發展

隋唐時期中原地區出現姚崇、李筌、劉禹錫等思想家，經學、史地學和目錄學成果豐碩。

唐代陝州硤石（今三門峽陝州區東南）人姚崇歷任三朝宰輔，他認為人死後精神不再存在，因果報應是無稽之談，批判災變迷信，反對厚葬和寫經造像。隱居嵩山的李筌著有《陰符經疏》、《太白陰經》，認為天地由陰、陽二氣構成，二氣生五行，五行生萬物，主張以人事為本、天道為末，強調人在戰爭中的作用。洛陽人劉禹錫反對以「空」或「無」為世界本體，指出「空」並非超越物質形體之外的獨立存在，而是物質形體的一種形態，氣在陰陽互動運動中產生萬物。

第六章　隋唐時期

孟州韓莊韓愈墓園

懷州河陽（今孟州）人韓愈官至吏部侍郎、京兆尹，提出新儒學理論，創立堯、舜、禹、湯、周文王、周武王、周公旦、孔子、孟子等聖人相傳的道統，認為仁義道德是先王學說的中心。人性分為上、中、下三品，上品可教，下品可制，中品可以改造。他治經側重義理，強調心性。河南偃師（今洛陽偃師區）人徐文遠曾任太學、國子學祭酒、博士，著《左傳義疏》。洛陽人元行衝曾任國子祭酒，著《孝經義疏》等。開成年間，鄭州滎澤（今鄭州古滎鎮）人鄭覃等校訂九經文字，並書丹刻石，稱「開成石經」。

官修史書制度確立。相州（治今安陽）人李延壽撰《南史》、《北史》，褒貶恰當，事詳文省，條理分明。汴州浚儀（今開封）人吳兢撰《貞觀政要》總結「貞觀之治」的歷史經驗，彭城（今江蘇徐州）人劉知幾在洛陽撰寫的《史通》是中

國第一部史學理論著作。隋煬帝時編繪中國第一部一統志《區宇圖志》和《諸州圖經集》。玄奘與弟子辨機撰成《大唐西域記》。

圖書目錄學繼續發展。隋煬帝時對官府 37 萬卷藏書進行整理，得正御本 3,700 餘卷，編成《隋大業正御書目錄》。唐玄宗時洛陽「聚書四部，以甲乙丙丁為次，列經、史、子、集四庫」。褚無量協助元行沖編成《群書四部錄》。

二、宗教興盛

隋唐時期中原佛教臻於極盛，逐漸中國化、世俗化，建寺度僧、鑿窟造像、佛經翻譯和佛學講論成風，宗派形成。隋煬帝在洛陽設道場招致各地高僧。唐太宗對少林寺僧屢加褒獎，召見取經歸來的玄奘，為他寫《大唐三藏聖教序》。武則天在洛陽建天堂、造夾紵大佛像，唐高宗時鑿造龍門石窟奉先寺。西元 629 年，河南緱氏（今洛陽偃師區緱氏鎮）人玄奘（陳禕）前往天竺（今印度）那爛陀寺學習佛法，西元 645 年，攜佛經梵本 657 部和佛像、法器回到長安（今陝西西安），從事佛經翻譯 19 年，譯著《成唯識論》，是佛教三大翻譯家之一和唯識宗的創始人。禪宗在嵩山少林寺產生，奉達摩為始祖。禪宗四祖沁陽人道信俗姓司馬，曾在少林寺學法，後居廣濟（今湖北武穴北）。他主張「心即佛」，強調坐禪攝心，發心自悟。尉氏人神秀俗姓陳，投師禪宗五祖弘忍，

在北方傳「漸悟」禪學，人稱「北宗」。慧能弟子、襄陽人神會常住南陽傳法，在滑州滑臺（今滑縣東）無遮大會上樹「頓悟」宗旨，立慧能為六祖，人稱「南宗」。禪宗始判南北宗。康居（約今烏茲別克東）人法藏曾為武後授具足戒，參與新譯《八十華嚴》，在洛陽授記寺宣講，創立華嚴宗。

道教與佛教並駕齊驅。隋煬帝時在洛陽造道觀24所，度道士1,100人。唐代皇帝以老子為先祖，尊崇道教。太宗詔令在亳州穀陽（今鹿邑）修老子廟享祀；高宗尊老子為太上玄元皇帝，在洛陽積善坊建廟祭祀，並親自到穀陽老君廟祠祀老子，改穀陽為真源縣；玄宗制令兩京、諸州各置玄元皇帝廟和崇玄學，置生徒，依明經例考試。嵩山、王屋山是茅山宗的傳道基地。趙州贊皇（今屬河北）人潘師正居嵩山逍遙谷修道。西華法師、陝州（治今三門峽）人成玄英為《老子》、《莊子》作注。

懷州溫縣（今屬焦作）人司馬承禎主張「擯見聞、去知識」，教人「坐忘」、「收心」。

從西方傳來的祆教、摩尼教和景教總稱「三夷教」。祆教由波斯（今伊朗）人瑣羅亞斯德創立，奉火為善神象徵。唐代洛陽立德坊和汴州（治今開封）有胡祆神廟。波斯人摩尼宣揚光明與黑暗對立是善惡的本原，創立明教，又稱摩尼教，唐代在洛陽流行，武周時波斯拂多誕持《二宗教》（明與暗）來

朝,唐憲宗時在洛陽建摩尼寺。聶斯托良所創景教是基督教支流,唐貞觀年間在洛陽流傳,洛陽出土有景教經幢。

三、文學藝術的輝煌

隋唐時期中原地區湧現大批著名詩文作家,推動了文學的繁榮。唐代中原著名詩人眾多。初唐陝州(治今三門峽)人上官儀的詩作承襲齊梁宮體詩遺風,稱「上官體」。他注重詩歌中對偶與聲律的關係,提出「六對」、「八對」之說,對律詩形成有一定影響。盛唐河南鞏縣(今鞏義)人杜甫被尊為「詩聖」,是偉大的現實主義詩人。他在「安史之亂」中寫的「三吏」、「三別」對深受苦難的百姓表示深切關注與同情,人稱「詩史」。杜詩風格多樣,精警穩重,辭簡意豐,律詩格律嚴謹,對仗工穩,象徵著唐代格律詩的成熟,對後世詩歌有巨大影響。李白東來洛陽,與杜甫、高適同遊梁宋(今開封、商丘),留下〈春夜洛城聞笛〉、〈將進酒〉等詩篇。岑參,江陵(今湖北荊州)人,生於仙州(今葉縣),其邊塞詩格調雄壯,氣勢豪邁。中唐詩人白居易生於新鄭,晚年長居洛陽,與洛陽人元稹倡導新樂府,清淺流暢,以諷諭見長,稱「元和體」。河南福昌(今宜陽西)人李賀的〈感諷五首〉、〈雁門太守行〉構思奇特,格調冷豔,人稱「詩鬼」。洛陽人劉禹錫的懷古詩寓意含蓄,寄情深遠,〈竹枝詞〉清新雋永,流暢自

然。懷州河陽（今孟州）人韓愈以文為詩，追求新奇。晚唐懷州河內（今沁陽）人李商隱的〈重有感〉等感傷詩敘議並重，感慨深刻，〈無題〉等情詩纏綿悱惻、悽婉動人、感染力強。

唐代散文發展到又一個高峰。韓愈是古文運動的旗手，倡導「文以載道」，反對「繡繪雕琢」，從理論到實踐全面實行文體、文風和語言的根本革新，有「文起八代之衰」的盛譽。其散文兼善眾體，追求新奇，對北宋的詩文革新運動及明清文壇都有深遠的影響。

杜甫像

新文體傳奇與詞初興。傳奇是新體文言小說，元稹的《鶯鶯傳》、白行簡的《李娃傳》、蔡州朗山（今確山）人袁郊的《紅線傳》，都很著名。詞是文學意蘊深遠、音樂節奏優美的文體，興起於初唐、盛唐，晚唐呈繁榮之勢，劉禹錫、白居易是有代表性詞作家。

隋唐中原藝術豐富多彩，在書法、繪畫、石窟造像和樂舞方面都取得傑出的成就。

錢塘（今浙江杭州）人褚遂良封河南郡公，有楷書《伊闕聖教序》等。鄭州滎陽人鄭虔能詩善畫，精書法，曾作一幅山水畫並題詩獻上，唐玄宗批尾「鄭虔三絕」。琅邪臨沂（今屬山東）人顏真卿曾在洛陽任殿中侍御史，有行草《祭伯父文稿》、楷書《元次山碑》、《八關齋報德記》。

第五節　中原文化的繁榮期

　　河南陽翟（今禹州）人吳道子被奉為「畫聖」，善畫佛道人物，在長安和洛陽作壁畫300餘堵。蘇軾稱讚他畫人物「遊刃餘地，運斤成風，蓋古今一人而已」。他是唐代山水畫法與風格變化的引領者。唐玄宗詔令吳道子在大同殿畫嘉陵江三百里山水，他一日而就。

龍門石窟奉先寺盧舍那大佛

　　造像藝術達到高峰。龍門石窟奉先寺盧舍那大佛、菩薩面相圓潤，身軀勻稱，褒衣博帶，飄逸瀟灑；天王、力士粗獷渾厚，遒勁有力，威嚴可怖，是佛教造像藝術中國化的代表作品。

　　隋唐洛陽常表演大型樂舞。隋大業年間朝廷有國伎、清商伎、高麗伎、天竺伎、安國伎、龜茲伎、文康伎、康國伎和疏勒伎等「九部樂」，唐代增加高昌伎為「十部樂」，反映了不同民族音樂的融合。上元樂、聖壽樂、安樂、慶善樂、大定樂、光聖樂、太平樂都是著名的宮廷樂舞，分為立部伎

和坐部伎。中原民間樂舞有劍器舞、胡旋舞、柘枝舞、綠要舞等。

四、科技與教育的發達

隋唐時期中原地區的天文曆算學、醫學有新發展，鑄造、製陶技術也有長足進步。

唐初太史令、滑州白馬（今滑縣）人傅仁均精通曆算，西元618年採用定朔法編定《戊寅元曆》。魏州昌樂（今南樂）人僧一行俗姓張名遂，精通天文、曆算，開元年間入京主導天文曆法事務，與梁令瓚製造以漏水轉動具有報時功能的渾天銅儀，又組織大規模的天文觀測，從鐵勒（今蒙古國杭愛山北）到交州（今越南河內西北），測量北極高度及冬至、夏至和春分、秋分時日影高度。太史監南宮說率眾在中原四個地點進行觀測，首次測出地球子午線的長度與二十八宿距天球北極的度數，在世界上首次發現恆星位置變化。由僧一行編定的《大衍曆》是當時世界最先進的曆法。隋代潁川扶溝（今屬周口）人甄權通曉醫術，著《脈經》、《針方》、《明堂人形圖》，弟甄立言撰有《本草音義》、《古今錄驗方》。汝州梁縣（今汝州）人孟詵撰《食療本草》，有較高的植物學與醫藥學價值。

金屬冶鑄技術有長足進步。武周時在洛陽鑄造天樞和九

鼎。天樞高 35 公尺，神都鼎高 6 公尺。鑄造如此高大複雜的器物顯示冶鑄技術之高超。陶瓷生產技術進步，首創低溫釉陶唐三彩。

隋唐中原教育體系完備。隋東都洛陽設有國子學、太學、四門學。西元西元 607 年，國子寺設祭酒統領官學，是中國設立教育行政機構和長官的開端。西元 662 年，唐朝廷在長安、洛陽置國子監，分兩都教授。洛陽有國子學、太學、四門學和弘文、崇文、廣文、崇玄館。地方有州、縣學。科舉制度形成並初步發展。隋煬帝大業年間始建進士科，後又設明經科，以試策取士，象徵著科舉制度形成。西元 690 年春，武則天策貢士於洛陽洛城殿，首創殿試制度，又創辦武舉。唐代科舉制度逐漸完備。

讀史益智

安史之亂

唐開元、天寶年間，政治日趨腐敗，社會矛盾加劇，中央集權削弱，藩鎮割據相繼而起。藩鎮將領、胡人安祿山、史思明發動叛亂，史稱「安史之亂」。

西元 755 年冬，平盧、范陽、河東三鎮節度使安祿山以誅楊國忠為名，在范陽（今北京）起兵，擊敗唐軍，攻下洛

陽。次年自稱大燕皇帝，進軍長安。同時，使其部將史思明占有河北十三郡地。唐玄宗逃往四川，肅宗在靈武（今屬寧夏）即位。叛軍所至殘暴，人民紛起反抗。西元757年，安祿山在洛陽被其子安慶緒殺死，長安、洛陽為唐將郭子儀等率軍收復，安慶緒退守鄴郡（今安陽）。西元759年，史思明殺安慶緒，回范陽自稱燕帝，並再度攻下洛陽。兩年後史思明為其子史朝義所殺。西元763年，史朝義窮蹙自殺，叛亂平定。

安史之亂是唐代最重大的歷史事件，前後歷時7年，中原社會生產活動遭受嚴重破壞。唐朝統治從此由盛而衰，形成藩鎮割據的局面，並導致全國的經濟重心從中原向長江下游地區轉移。

史林折枝

1. 龍門石窟的開鑿

龍門石窟又稱伊闕石窟，位於今洛陽市洛龍區龍門鎮南伊水兩岸的龍門山和香山上。它始開鑿於北魏後期，之後歷經東魏、西魏、北齊、隋、唐、五代、宋等朝代400餘年的營造，從而形成南北長1公里，窟龕2,345個、石刻佛塔70餘座、造像10萬餘尊、碑刻題記2,860餘品的石窟。

在龍門石窟中，北朝洞窟約占 30%，唐代石窟約占 60%。

北朝石窟以古陽洞、賓陽中洞為代表。唐代石窟以潛溪寺、奉先寺、萬佛洞、極南洞、摩崖三佛龕、看經寺為代表。最大的奉先寺盧舍那大佛開鑿於唐高宗時，佛身通高 17.14 公尺，面部豐滿秀麗，目光安詳寧靜，嘴角微露笑意，兩旁有二弟子、二菩薩、二天王、二力士雕像，高 10 公尺以上。整個洞窟雄偉壯觀，表現了唐代雕塑藝術的最高成就。

龍門石窟是中國三大石窟藝術寶庫之一。2000 年聯合國教科文組織將它列入世界文化遺產名錄。

2. 倡導新儒學與古文運動的韓愈

韓愈（西元768年至西元824年），字退之，懷州河陽（今孟州西）人。他早孤，由兄嫂撫養成人，34歲選授國子監四門博士，47歲轉考功郎中、知制誥，參與朝廷機要，官至吏部侍郎、京兆尹。韓愈是一位卓有建樹的思想家，一個儒學由漢學向宋學轉變中的重要人物，也是一位屈指可數的著名文學家，古文運動的倡導者，有「文起八代之衰，道濟天下之溺」的盛名。

韓愈反對佛教，倡導新儒學。為確定儒學的正統地位，他創造了聖人相傳的道統學說。他申述《大學》的治國平天下的封建社會關係和道德修養原則，批評佛教的出世學說。他

第六章　隋唐時期

從民族文化、學術傳統、理論體系方面批判佛教，而把經學研究重點引向心性問題，重申用道德控制人性的必要性，為宋代學者治經在內容、形式和方法上開闢了新途徑。

第七章　五代宋金時期

　　華夏民族之文化，歷數千載之演進，造極於趙宋之世。

　　　　　　　　　　　　——陳寅恪

第七章 五代宋金時期

從西元907年朱溫建立後梁,到西元1234年金朝滅亡,是中原歷史上的五代(西元907年至西元960年)、北宋(西元960年至西元1126年)、金(西元1115年至西元1234年)時期。這一時期中國都城東移洛陽、開封,繼5個短暫皇朝的更迭之後,北宋國家相對統一,中原經濟持續發展,文化達到巔峰狀態。及金滅北宋,宋室南遷,全國經濟重心、政治中心外移,成為中原由鼎盛走向衰落的轉捩點。

第一節 五代時期的更迭

西元907年至西元960年,中原地區經歷了後梁、後唐、後晉、後漢和後周5個短暫政權的頻繁更迭。

一、後梁

西元907年5月,唐魏王朱溫稱帝,國號梁,史稱後梁,升汴州(治今開封)為東都開封府。次年唐晉王、沙陀部人李存勖從河東(治今山西太原)起兵,與後梁爭奪中原。西元909年,梁太祖朱溫遷都洛陽,在對晉戰爭中屢敗。西元912年,梁太祖次子朱友珪弒父自立,第四子朱友貞殺朱友珪,在開封即帝位,政事日益紊亂。西元923年11月,後梁被後唐滅亡。

二、後唐

西元 923 年 5 月，晉王李存勖在魏州（今河北大名）稱帝，國號唐，史稱後唐，遷都洛陽。莊宗李存勖全面恢復唐朝舊制，以後梁東都開封為汴州。官吏大肆盤剝，民不聊生。西元 926 年，明宗李嗣源即位，革除弊政，嚴懲貪汙，廢除雜稅，穀物屢年豐收，社會瘡痍稍復。閔帝李從厚猜忌明宗養子潞王李從珂，李從珂引軍入洛陽擒閔帝，即帝位，搜刮民財，百姓離心。西元 936 年 11 月，後晉軍攻克洛陽，後唐滅亡。

三、後晉

西元 936 年 6 月，後唐河東節度使石敬瑭舉兵反叛，為爭取支持，對契丹卑躬屈節。10 月 29 日，石敬瑭被契丹人立為皇帝，國號晉，史稱後晉，都晉陽（今山西太原）。次年遷都汴州，升為東京，以洛陽為西京。高祖石敬瑭死，出帝石重貴即位，不對契丹帝稱臣。西元 946 年，契丹騎兵攻入東京，後晉滅亡。次年春，契丹國主耶律德光在開封稱帝，國號遼，放縱士兵擄掠，中原民眾奮起反抗，耶律德光北遁。

四、後漢

西元 947 年 3 月 23 日，後晉河東節度使劉知遠在晉陽稱帝，乘中原無主，率軍入汴州，以汴京為東京開封府，改國

號漢，史稱後漢。次年高祖劉知遠死，隱帝劉承佑即位，內部矛盾加劇。遼兵擾邊，隱帝以邢州堯山（今河北隆堯西南）人郭威為天雄軍節度使防守河北。西元950年12月，隱帝聽信讒言，派人刺殺郭威。郭威率軍回京，隱帝死，太后臨朝，郭威監國。

五、後周

西元951年2月2日，郭威登帝位，國號周，史稱後周，仍都東京。西元954年，太祖郭威病死，養子邢州龍岡（今河北邢臺西南）人柴榮繼位，是為世宗。太祖、世宗相繼進行改革，實行民政、軍政分開，用文臣治理州郡，限制方鎮實權，打擊貪官汙吏，頒布《大周刑統》，整頓軍隊。世宗謀求統一天下，西征後蜀，南征南唐，北伐遼國。西元959年8月，世宗病死，子恭帝柴宗訓少年嗣位。次年初，權臣趙匡胤發動兵變，奪取政權，後周亡國。

新鄭後周世宗慶陵碑碣

第二節
北宋的政治與變遷

■ 一、北宋的建立與政區設置

西元 960 年 2 月 2 日，後周朝廷接到遼軍壓境的邊報，派趙匡胤率軍禦敵，到達陳橋驛（今封丘陳橋鎮），趙光義和趙普策動將士兵變，把一件黃袍披在趙匡胤身上，羅列跪拜高呼萬歲。趙匡胤率軍回京，登上帝位，國號宋，定都東京開封。

北宋皇朝加強君主專制主義中央集權：削弱相權，解除高級將領的兵權，由皇帝總領禁軍，設樞密院，把統兵權與調兵權分開，強化中央禁軍，削弱地方兵力；路設漕司、憲司、帥司、倉司，位於節度使藩府之上，削弱節度使的權力；集中全國財權於中央，每年各州的賦稅收入除支度給用外都輸送京師。

宋太祖初建東京，「廣皇城東北隅，命有司畫洛陽宮殿，按圖修之」。宋真宗增築新城。宋徽宗修築宮室苑囿，廣其規制。東京城由外城、內城和皇城三重組成。皇城開六門，大慶殿、明堂和宣德樓宏偉壯麗。皇城外為內城，是官衙和市民區。外城平面近長方形，城牆周長 29,126 公尺。從皇宮正門向南，過內城朱雀門，直至外城南薰門的御道是城市的中軸線。宋東京城打破隋唐都市的里坊限制，把宮闕建在城的中央，這種都城格局為元大都仿效。

第七章　五代宋金時期

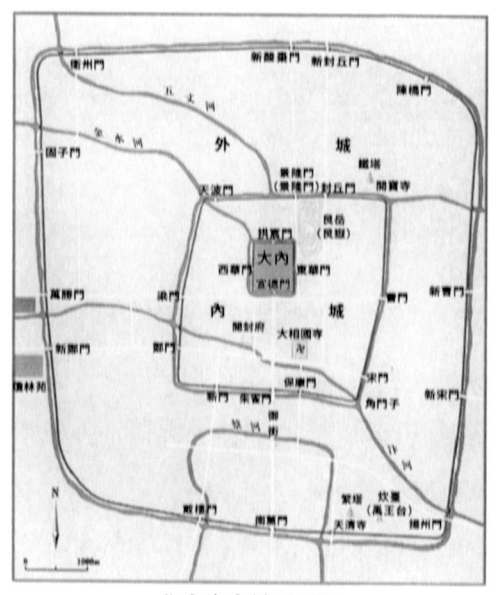

北宋東京城平面圖

　　北宋在中原設三京：東京開封府治開封、祥符（今開封市）、西京河南府治河南縣（今洛陽西工區）、南京應天府治宋城（今商丘睢陽區）。地方政權分為路、州、縣、鄉四級。元豐年間分全國為 23 路。京西北路治河南縣，轄河南、潁昌、懷寧、順昌四府，鄭、滑、孟、蔡、汝五州，信陽軍。潁昌府治長社（今許昌）、淮寧府治宛丘（今周口淮陽區）、順昌府治汝陰（今安徽阜陽）、鄭州治管城（今鄭州）、滑州治白馬（今滑縣）、孟州治河陽（今孟州）、蔡州治汝陽（今汝南）、汝州治梁縣（今汝州）、信陽軍治信陽。此外，鄧州治穰縣（今鄧州）、唐州治泌陽（今唐河），屬京西南路。相州治

安陽、懷州治河內（今沁陽）、衛州治汲縣（今衛輝），屬河北西路。澶州治濮陽，屬河北東路。陝州治陝縣（今三門峽）、虢州治虢略（今靈寶），屬永興軍路。光州治定城（今潢川），屬淮南西路。路最高長官轉運使總管一路之事務，特別是財政，提點刑獄公事主管刑法獄訟，安撫使主管軍政。州、縣長官由中央直接委任。

二、新政改革與北宋滅亡

西元 1004 年 10 月，遼聖宗耶律隆緒率 20 萬大軍南侵，兵臨澶州（今濮陽縣）城下，宋真宗御駕親征抵澶州北城。雙方在澶淵（今濮陽縣西）簽訂盟約，規定宋每年給予遼銀 10 萬兩、絹 20 萬匹，稱為「歲幣」。這是北宋與遼國簽訂的屈辱條約，但它使北方州、縣及河北地區穩定下來，和平局面維持百年之久。北宋開放對遼榷場貿易，促進了物資以及文化交流。

西元 1035 年，蘇州吳縣（今江蘇蘇州）人范仲淹權知開封府，依法行事，興利除弊，「肅然稱治」。西元 1043 年，范仲淹任參知政事，改革弊政、整頓吏治、發展生產活動，減輕百姓負擔，史稱「慶曆新政」，遭權貴反對而失敗。西元 1057 年，廬州合肥（今屬安徽）人包拯權知開封府，改革訴訟制度，杜絕衙吏敲詐勒索，斷案公正，政績卓著。

第七章　五代宋金時期

　　宋神宗時國弱民貧,有識之士呼籲改革。西元1069年,撫州臨川(今屬江西)人王安石任參知政事,兼領「制置三司條例司」,頒行均輸法、青苗法與農田水利法,保甲法、免役法、方田均稅法、養馬法、市易法及將兵法首先在開封府屬縣試行,史稱「熙寧新政」。變法觸犯官僚貴族、富商巨賈的利益,實行過程中又出現偏差,因遭到強烈反對而中止。

　　西元1125年11月,立國於中國東北的金國軍隊侵宋。次年初,金兵包圍開封,李綱率軍擊退。金國以和談進行訛詐,要求宋朝拿犒軍費黃金500萬兩,銀5,000萬兩,絹、緞各1萬端,牛、馬各1萬匹,割太原、中山(今河北定州)、河間(今屬河北)三鎮歸金。欽宗全部同意這些條件。這一投降行為激起開封軍民強烈反對,欽宗仍令李綱負責守城,再次擊退金軍進攻。9月上旬,金將完顏宗望(斡離不)等率軍圍攻東京開封。12月初,欽宗降金,北宋滅亡。此事史稱「靖康之變」。

　　西元1127年6月,宋康王趙構在南京應天府(今商丘睢陽區)即帝位,後南遷臨安(今浙江杭州),史稱南宋。宋高宗趙構以宗澤為東京留守,大敗金兵。但宋朝廷議和息兵的國策已定,宗澤憂憤而死。杜充繼任東京留守,掘開黃河堤防阻擋金兵南犯,導致黃河改道,奪淮入海,黃河以南地區仍被金兵占領。

第三節
金朝的統治與變遷

一、岳飛抗金與金朝政權

金滅北宋後,在大名府(今河北大名)建立偽齊政權。活躍在順州伊陽山區(今汝陽縣西)的翟興抗金武裝與黃河南北義軍聯合,抵抗偽齊和金兵的進攻。

西元 1134 年 6 月,金軍主帥完顏宗弼(兀朮)再次率軍南侵,南宋神武後軍統制、彰德湯陰(今屬安陽)人岳飛率軍迎敵,收復襄陽、鄧州、唐州(治今唐河)。西元 1136 年春,岳飛移軍襄陽,派部將王貴、牛皋、楊再興等領兵北上進攻偽齊,令抗金民兵首領梁興返回太行山聯合忠義社義軍,在敵後展開抗金行動。次年 12 月,金朝廢偽齊政權,在汴州(今開封)設行臺尚書省。

西元 1140 年 6 月,金兵分四路大舉南侵,占領汴京、洛陽。7 月,完顏宗弼率軍直撲順昌(今安徽阜陽),宋東京副留守劉錡大破金兵。河南北路招討使岳飛奉命北伐,收復潁昌(今許昌)、淮寧府(今周口淮陽區)、鄭州和洛陽。岳飛率輕騎進駐郾城,完顏宗弼會合各路大軍進逼。岳飛之子岳雲率騎兵大破金騎兵「枴子馬」,岳飛領騎兵突戰,金軍慘敗。不久完顏宗弼統重兵進攻潁昌,被岳飛遊奕軍、背嵬軍擊

第七章　五代宋金時期

敗。岳飛進軍朱仙鎮，大破金兵，完顏宗弼退回開封，金軍分崩離析。岳飛計劃指日渡黃河，收復河北。宰相秦檜連下金牌逼迫岳飛撤軍，黃河以南又被金軍占領。次年 12 月，南宋和金國簽訂屈辱的「紹興和議」，兩國以淮河為界，確立了宋、金南北對峙的局面。岳飛被宋高宗、秦檜以「莫須有」的罪名殺害，但他作為抗金名將而永垂史冊。

西元 1153 年，金海陵王改汴京開封為南京。西元 1158 年，左丞相張浩、參政敬嗣暉率眾營建南京城。西元 1161 年 11 月，金世宗即位，採取措施發展生產活動，促進民族合作和社會安寧。但女真貴族大量掠奪土地，造成貧富變更和賦役不均。金統治者強迫中原漢人依照女真髮式剃髮、穿著女真服裝。

湯陰岳飛廟岳飛塑像

金朝沿襲宋制，在中原設定路、州（府）、縣三級政權機構。黃河以南為南京路，黃河以北分屬大名府路、河北西路、河東南路。南京路治南京開封，轄開封、河南、歸德三府及睢、陝、鄧、唐、裕、鈞、嵩、汝、許、亳、陳、蔡、息、鄭等十餘州。孟、懷二州屬河東南路，相、衛、浚三州屬河北西路，滑、開二州屬大名府路。路設兵馬都總管府，

都總管兼府尹,總判府事,不兼總管府者為散府;轉運司掌管稅賦錢穀、倉庫出納、權衡度量之制,長官是轉運使。在南京開封設留守司,置留守、同知留守事和副留守。節鎮州設節度使,防禦州設防禦使,刺史州設刺史。縣設令、丞。

二、金都南遷與滅亡

西元1214年,蒙古國軍隊進逼金中都(今北京),金國壁兵弱,難以守衛,宣宗遷都南京開封,改河南府(治今洛陽)為金昌府,升為中京。金朝南遷後加重對中原人民的剝削和壓迫,掠奪黃河以南百姓土地安置來自河北的軍戶,開封近郊百餘里以內的良田被圈為狩獵場。為修築開封內城掠奪建材而拆毀民居,為製作皮球等物品在開封府各縣大肆搜尋、宰殺耕牛。金國所需均由河南人民承擔,百姓力竭財殫;又大量發行紙幣「交鈔」,造成物價飛漲,民不聊生,逃亡接踵。

西元1231年12月,金軍主力在鄧州禹山(今淅川東南)小勝蒙古軍,南京防禦鬆懈。及金元帥婁室在襄城被蒙古軍擊敗而逃回南京,平章拜牲方匆匆佈防。次年初,金將合達、蒲阿領步騎15萬自鄧州救援南京,在三峰山(今禹州西北)遭到蒙古軍夾擊,士兵潰散。開封糧盡援絕,金哀宗出逃歸德(治今商丘睢陽區)。次年7月,再遷蔡州(治今汝南)。

第七章　五代宋金時期

西元 1233 年 9 月，蒙古派使者到襄陽重申宋、蒙聯合攻打蔡州的盟約。蒙古塔察兒率軍包圍蔡州，南宋孟珙、江海率師 2 萬進攻蔡州。宋、蒙聯軍日夜攻城，次年初城陷，金朝滅亡。

第四節　社會經濟的復甦和發展

五代後梁、後唐時中原社會經濟初步恢復，後晉、後漢時政局混亂，經濟破壞，後周時又有所復甦。北宋中原經濟達到高峰，金代開始衰落，全國經濟重心從中原移至江南。

一、農業的恢復及發展

五代諸政權為增加賦稅收入，不得不注重農業生產。後梁時汴、洛、許、陳諸州經濟恢復。張全義任河南尹，經濟復甦顯著。後周太祖平均賦役，招撫流亡耕種無主田地，官田分賜耕農充作永業；世宗令按地畝均定田賦，廢不時徵斂，罷營田，變佃戶為自耕農，興修水利，發展生產活動。

宋初，開封周圍 23 州土地耕墾不過十之二三。滅後蜀、吳越、南唐、北漢，遷其臣民數十萬到中原，勞動人手增加；又招集流亡，獎勵墾殖。規定農民所開荒地為其永業，減免

第四節　社會經濟的復甦和發展

賦稅。派勸農使按行陳、許、蔡、唐、鄧、汝諸州，民戶墾荒 100 畝以 4 畝起稅，經濟迅速恢復。

宋真宗以後陸續興修水利工程。西元 1015 年，鄭希甫發民力開渠通淮。西元 1024 年，張群平調京畿民夫在開封及宋、陳、蔡、穎諸州興辦排澇工程，大片低窪淹漬土地變成良田。仁宗時疏導相州（治今安陽）、衛州（治今衛輝）諸河，灌田數萬頃。唐州（治今泌陽）刺史趙尚寬調發兵卒修復古陂渠，溉田萬餘頃。黃河、汴河流域開展大規模淤田。西元 1069 年，祕書丞侯叔獻主導引汴水淤田，開封、應天府（治今商丘睢陽區）大片瘠薄土地變成良田。西元 1076 年至西元 1078 年引汴河水淤京東西土地，1 萬多頃瘠薄、鹽鹼地成為沃土。大力推廣水稻種植。太宗時汝州、唐州設「稻田務」，許州（治今許昌）通判張士遜從襄漢招募種稻戶教民種稻。真宗時黃河以北諸州普遍種稻，原產越南的優良品種占城稻在開封試種，然後推廣。但賦稅繁重造成民戶逃匿，大規模徵兵使勞動力流失，加上黃河決溢和自然災害的制約，中原農業在全國處於中等水準。

西元 1128 年，南宋東京留守杜充為阻止金兵南下而掘開黃河堤防，成為黃河長期南泛的開端。西元 1194 年，黃河在陽武（今原陽）決口改道，河道靠近開封並經常氾濫，汴河、五丈河、蔡河、金水河等水系被淤沒，生態環境變壞。金軍燒殺搶掠，中原白骨蔽野，荊莽千里。

金世宗詔令招集河東諸路流民，給予一定數量的開田，免除三至八年的租稅。宣宗初年把河北軍戶近百萬口遷至黃河以南以增加勞動人手，又詔令凡旱地可改水田者一律改種水稻，依照旱地徵租。金後期中原墾田面積幾乎是北宋的3倍。至西元1219年，「河南軍民田總一百九十七萬有餘，見耕者九十六萬餘頃」。南陽水稻每畝最多可收五石（約300公斤），畝產超過北宋。

二、手工業和商業的發展

五代中原手工業有所恢復。周世宗擴建開封城，疏濬汴河、蔡河以利交通，罷諸州作院，選精工巧匠充東京作坊，銷毀佛像鑄造新幣以解除錢荒，建立柴窯，燒造瓷器，工商業發展。

北宋中原紡織、採礦冶鑄、陶瓷、釀酒等行業發達，絲織業在全國居首位。開封設少府監，轄文思、綾錦、染、裁造、文繡五院，諸州設鑄錢監，製造御用器物；將作監掌管土木工匠板築造作之政務；軍器監掌監督繕治兵器什物。文思院領42作，內侍省後苑造作所領81作，良工巧匠雲集。東京開封官營紡織染色業規模宏大、門類齊全。全國瓷器生產有五大名窯，中原有官窯、汝窯、鈞窯，考古發現禹州鈞臺窯、寶豐清涼寺窯等多處窯址。相州（治今安陽）、陽翟（今禹州）、鞏縣（今鞏義）、河陽（今孟州）有煤礦開採。東

第四節 社會經濟的復甦和發展

京開封金屬製造作坊眾多,設有法酒庫、內酒坊和都麴院,民間造酒作坊72家,也是全國雕版印刷中心之一。

金代中原手工業發展程度整體不如北宋。澠池露天煤礦開始開採。魯山、寶豐、南陽「皆產鐵,募工置冶」。在黃河沿岸鹽鹼地設鹽場製鹽。製造火器的兵器作坊眾多。鈞州(治今禹州)窯場生產活動漸盛。懷州(治今沁陽)等地設綾錦院掌織造常課匹緞之事。

宋汝瓷天藍釉刻花鵝頸瓶

北宋以開封為中心的水運交通網四通八達。汴河是運輸南北物資往來的大動脈,蔡河經陳州(治今周口淮陽區)達壽春(今安徽壽縣)接通淮河水運,五丈河匯合於濟水以通東方漕運。陸路交通從開封向東可達山東半島,向南經潁昌(今許昌)可達襄陽,向西經洛陽入關中,向北可達河北諸州。

五代時東京「工商外至,絡繹無窮」,沿街開店較普遍,經營時間延長。後周東京是中國北方最大的商業都會,有財產數十萬、邸店數千間的富商大賈。12世紀初東京開封城居民有26萬戶,約130萬人,加上駐軍和流動人口,人口總數約160萬,有商家2萬多家,店鋪林立,是當時中國乃至世界最大的城市。

金滅北宋後中原殘破，經濟蕭條，江南經濟則穩步發展。宋金戰爭停止後南宋號召流民復業，孝宗時阡陌相望，水利設施恢復，又大興屯田，理宗紹定年間年穀屢豐。江浙圩田面積擴大，糧食、茶葉產量大幅度提高。手工業也逐漸恢復，造船業、陶瓷業、織染業發達。南宋末，臨安人口達120萬，有商行440個，建康（今江蘇南京）、廣州、肇慶、湖州等城市也很繁榮。金汴京則商業蕭條。南宋時全國經濟重心已轉移到江南，中原經濟日漸落後。

第五節 文化鼎盛

北宋國子監諸學完備，書院興起，教育發達，理學奠基，文學藝術興盛，科學技術進步，中原文化達到巔峰狀態，金代開始衰落。

■ 一、學術昌盛

北宋中原學術昌盛，以象數學和洛學最值得稱道。五代亳州真源（今鹿邑）人陳摶致力《易》學，著《指玄篇》，繪〈先天圖〉。其〈龍圖〉繪出河圖洛書的圖式，以白圈表示

第五節 文化鼎盛

奇數,黑點表示偶數;一至十的排列為河圖,一至九的排列為洛書。范陽(今河北涿州)人邵雍初遷共城(今輝縣),再徙洛陽,著《皇極經世》。他運用符號、卦象及數字關係推算宇宙變化,認為太極分兩儀,兩儀分四象,四象分八卦,八卦相錯,產生六十四卦。兩儀、四象、八卦、六十四卦是「象」,一、二、四、八、十六、三十二、六十四是「數」。其學稱先天象數學。

洛陽人程顥官至太子中允、權監察御史里行,其弟程頤曾任崇政殿說書。二程兄弟是理學的奠基者,其學說和學派稱「洛學」。二程認為「理」是宇宙萬物的根源和主宰,也是其普遍規律和準則,矛盾對立的雙方相互作用即「遇」或「交感」推動著事物的產生和運動變化。人性分為「天命之性」和「氣質之性」,前者為善,後者有善惡、高下之分。「格物致知」是去掉物欲的矇蔽而窮致事物之理,「聞見之知」和「德性之知」相配合方能得到真知。二程主張透過行仁政、重禮義教化來緩和社會矛盾,又強調綱常倫理,認為人應克制欲望以保持「天理」。二程門徒眾多。南劍州將樂(今屬福建)人楊時曾任邇英殿說書兼國子祭酒,南宋時任工部侍郎兼侍讀。他既著書闡發二程的思想學說,又在東南興教立學,在洛學南傳中有著重要作用。洛學在全國各地傳播,逐漸形成程朱理學、陸王心學、事功之學三大體系。

第七章　五代宋金時期

程顥、程頤像

　　學術的博大精深也表現在經學、史學、金石學、地理學、語言學等方面。後唐洛陽國子監刻印 9 部經書，有利於經學的傳播。北宋王安石新釋《詩》、《書》、《周禮》，稱《三經新義》，頒發國子監作為學校教育的必讀教材，稱「荊公新學」。五代後晉戶部侍郎張昭遠等修成《唐書》，北宋翰林學士歐陽脩等又撰《新唐書》。浚儀（今開封）人薛居正監修《五代史》，歐陽脩撰《新五代史》。翰林學士、陝州夏縣（今屬山西）人司馬光等修成編年體史書《資治通鑑》。開創於北宋的金石學是考釋金石文字、甄別古器形制及古物收藏整理的學問，歐陽脩有《集古錄》，密州諸城（今屬山東）人趙明誠有《金石錄》，京兆藍田（今屬陝西）人呂大臨有《考古圖》及《釋文》，祥符人王黼有《宣和博古圖》。北宋重視地圖繪製，翰林院畫工繪製〈淳化天下圖〉，王曾繪〈九域圖〉，沈括繪〈天下州縣圖〉，晏殊繪〈十八路州軍圖〉。地理總志有撫州宜黃（今屬江西）人樂史的《太平寰宇記》和鎮江丹陽（今屬江

蘇)人王存的《元豐九域志》,府志有慶源府平棘(今河北趙縣)人宋敏求的《河南志》。宋仁宗時建崇文院,令張觀等整理藏書編目,賜名《崇文總目》,孫覿等又編《祕書總目》。宋真宗詔命重修韻書,賜名《大宋重修廣韻》,參知政事丁度又編修《集韻》。國家藏書和修書機構稱館閣,置學士整理文獻典籍,編成《太平御覽》、《太平廣記》、《文苑英華》和《冊府元龜》四部大型類書,集前代之大成。

二、宗教發展

五代、宋、金時期中原佛教、道教興盛,猶太教傳入。周世宗詔令整飭佛寺,淘汰僧尼。北宋統治者認為佛教「有裨政治」,恢復譯經院,刊印《大藏經》,設戒壇度僧。宣和年間,開封府有寺院691座。佛教宗派有禪宗、律宗、淨土宗、天台宗、華嚴宗,律宗在中原占主導地位。金代中原一些寺院重新修建,禪宗興盛。

北宋道教在皇帝倡導下發展迅速,東京有宮觀近70所。宰相王欽若編撰《翊聖保德真君傳》,偽稱「聖祖」趙玄朗傳授天書,把趙氏始祖塑造為道教神。真宗、徽宗分別以「天書」降臨日為「天慶節」、「天應節」,令各地修建宮觀。金天眷年間,衛州(治今衛輝)人蕭抱珍創「太一教」,京兆咸陽(今屬陝西)人王重陽在寧海州(今山東煙臺東南)創立全真道,在中原傳布。

北宋有猶太人「留遺汴梁」，繁衍為 17 個家族 100 多戶。他們每天寅、午、戌三時做禮拜，週六設「齋」，春、秋祭祖，自稱其教為「一賜樂業（以色列）教」。

■ 三、文學新成就

　　北宋出現詩文革新運動，散文、詩歌創作成就顯著，詞作興盛。五代中原詩作沿襲晚唐頹靡遺風。宋前期建寧府浦城（今屬福建）人楊億分司西京，在洛陽與錢唯演、劉筠等交遊唱和，點綴昇平，結為《西崑酬唱集》，西崑派風靡文壇數十年。宋中葉文壇領袖、廬陵（今江西吉安）人歐陽脩繼承韓愈、柳宗元的古文傳統，強調「道」對「文」的決定作用。他知貢舉時排斥太學體「險怪奇澀之文」，倡導詩文革新。歐陽脩的散文敘事簡括，議論紆徐有致，章法曲折變化，語言自然流暢，風格清新，代表著北宋散文的最高成就。范仲淹在鄧州撰寫的〈嶽陽樓記〉膾炙人口。眉州眉山（今屬四川）人蘇軾官至禮部尚書，政論文針砭時弊，各體雜文自由隨意；弟蘇轍長期在中原任職寓居，文章論事精確，修辭簡嚴。二人死後葬郟縣西北，後來又為其父建衣冠塚，稱「三蘇墳」。王安石的散文立意超卓，語言簡練樸素。

　　北宋中原詩人頗多。汴州（治今開封）人蘇舜欽能詩，〈淮中晚泊犢頭〉清新恬淡。應天府宋城（今商丘睢陽區）人張方平的詩作多有新意。遷居陝州（今三門峽）的魏野詩風狂

第五節　文化鼎盛

河南白波（今孟州西南）人武宗元善畫釋道人物，有〈朝元仙杖圖〉。舒城（今屬安徽）人李公麟曾任中書門下省刪定官，善用白描法畫人物。開封人吳元瑜擅長花鳥、佛像、駿馬，線條纖細，色彩鮮明。畫院承忠郎李迪善畫鳥獸花竹，有〈楓鷹雉雞圖〉、〈雪樹寒禽圖〉。洛陽人郭忠恕精工界畫，格調高古。密州東武（今山東諸城）人張擇端官至翰林學士，所繪〈清明上河圖〉構圖精妙，筆法細緻，有劃時代意義。宋徽宗善畫花鳥、人物、山水，〈芙蓉錦雞圖〉、〈枇杷山鳥圖〉等花鳥畫傳神逼真。繪畫理論方面有荊浩的《筆法記》和郭熙的《林泉高致》，《宣和畫譜》是研究宋代以前繪畫的珍貴資料。

五代馮翊（今陝西大荔）人楊凝式官至少師，擅長草書、隸書，有〈夏熱帖〉、〈神仙起居法〉。北宋遷居洛陽的李建中行書尤工，有〈貴宅帖〉，遷居宋城（今商丘）的石延年書跡筆畫遒勁，力透紙背。宋徽宗行、草、正書筆勢勁逸，有瘦金體〈閏中秋月詩帖〉與〈牡丹詩帖〉傳世。蘇軾、黃庭堅、米芾、蔡襄四大書法家在中原留有不少墨寶。〈嘉祐石經〉以篆書、楷書並列，頗有功力。侍書學士王著精選唐代以前103人420件作品臨摹刻版，稱《淳化祕閣法帖》。《宣和書譜》著錄內府藏漢魏至宋代197位元書法家作品1,344帖，有重要價值。北宋宮廷音樂機構有教坊、雲韶部、鈞容直、東西班樂。宋徽宗時設大晟府議頒新樂。宮廷盛行「隊舞」，民

間舞蹈有舞蠻牌、撲旗子、舞判、啞雜劇、車舞、船舞等。宋雜劇是各種歌舞表演、滑稽表演和雜戲的統稱，也專指有劇本有角色的戲曲演出，分正雜劇和豔段。

五、科學技術進步

北宋時期中原地區的天文學與醫學成就卓著，三大發明對社會進步影響巨大，建築技術引人注目。

北宋對恆星進行多次大規模觀測，先後頒行10部曆法。杭州錢塘（今杭州）人沈括提舉司天監，改進渾儀、浮漏、影表，實測日、月、五星行度，保舉衛樸製成《奉元曆》。泉州同安（今屬福建）人蘇頌創製的水運儀象臺兼具觀測天體執行、演示天象變化和自動報時三種功用，其《新儀象法要》所附5幅星圖是流傳至今最早的全天星圖，比歐洲文藝復興前觀測的星數多422顆。

醫學集前代之大成。開封設太醫局和藥局，整理、編纂醫學典籍。翰林醫官使、應天府睢陽（今商丘睢陽區）人王懷隱等編成《太平聖惠方》，曹孝宗主持編寫《聖濟總錄》。仁宗時校正醫書局訂正《素問》、《靈樞》、《傷寒論》、《金匱玉函經》、《脈經》、《千金要方》，殿中丞、陝州（治今三門峽）人孫兆等編著《外臺祕要》。《開寶本草》、《嘉祐本草》、《大觀本草》、《政和本草》相繼面世。針灸技術長足進步，太醫局

第五節　文化鼎盛

醫官王唯一鑄腧穴銅人式,著《銅人腧穴針灸圖經》。

火藥使用、活字印刷、指南針出現於北宋。《夢溪筆談》、《武經總要》載指南針(魚)的製作方法,陰天、夜晚行軍用來辨別方向,北宋末用於航海。軍器監下設「火藥作」。中期火藥武器外殼用紙塗漆製成,點燃後發射,用於火攻;末期發明的「霹靂炮」和「震天雷」外殼用鐵製作,靠爆炸殺傷。12世紀火藥、火炮的製作方法由中亞傳至歐洲。五代雕版印刷發展。洛陽史家灣磚廠出土了西元926年雕印的《大隨求陀羅尼》。後唐洛陽國子監採用雕版印刷技術刻印《九經》。宋慶曆年間畢昇發明活字印刷術,對後世的印刷業產生深遠影響。

北宋建築技術提高。開封的城闕宮殿、寺廟佛塔、橋梁多為木構,都料匠喻浩著《木經》,對木建構築頗有研究。開寶寺木塔高120公尺,後改為磚砌八角形仿木結構,歷900多年仍巍然屹立。東京汴河上的州橋是北宋木拱橋的代表作。將作監、管城(今鄭州)人李誡修撰的《營造法式》是中國建築力學理論的突破和飛躍。

六、教育與科舉完善

北宋統治者重視學校教育,有中央官學和地方官學,書院異軍突起,科舉規範制度化。

第七章　五代宋金時期

宋初國子學轄廣文、太學、律學三館，後太學單獨建校，實行「三舍法」：初入學為外舍生，經考試合格升為內舍生，再考試升為上舍生，上舍生考試合格可直接任官。宋仁宗詔州郡立學，河南府（治今洛陽）、應天府（治今商丘）和諸州均興辦官學。金代京師分別設漢人、女真人的國子學、太學，地方府設府學，州設節鎮學。

始建於北宋的嵩陽書院大門

北宋全國有四大書院，中原有應天府書院和嵩陽書院。後晉楊愨創辦「睢陽學舍」，范仲淹制定條規，延聘師資，曹誠捐資建學舍150間，宋真宗賜額「應天府書院」。後周時在嵩山南麓建太乙書院，宋太宗賜額「太室書院」和《九經》，宋仁宗賜額「嵩陽書院」和學田百畝。中原還有百泉書院、鄧州花洲書院、鳴皋書院。書院藏書豐富，教學與研究結合。

北宋貢舉取消門第限制，取士名額擴大，科目以進士為主。考試分為解試、省試與殿試。解試是州府和國子監把合格士子貢入禮部的考試，省試是由禮部舉行的考試，殿試是皇帝親自召對新進士，賜及第、出身。西元 1066 年，確定「三年大比」制度。又實行「糊名（封彌）考校」，考卷經謄錄再送考官，考官親屬另行考試，稱「別頭試」，以防作弊。

讀史益智

■ 宋室南遷

西元 1125 年 11 月，金軍分兩路大舉攻宋，宋徽宗傳帝位給宋欽宗趙桓而倉皇南逃，宋欽宗詔令割太原、河間、中山三府給予金國以求和。但宋東京留守李綱等堅持抗金，三府軍民抗拒割地，欽宗遂廢除割地議和協議。西元 1126 年 9 月，金軍分兩路再度侵宋，欽宗派康王趙構為使前往金營議和，金使提出宋金劃黃河為界，因河北軍民堅決反對，割地議和難以實現。金兵多次圍攻開封城，被守城軍民擊退。後金軍攻上開封城牆，宋欽宗奉表降金。西元 1127 年 3 月 20 日，金國下令廢黜宋徽宗、欽宗二帝，金軍遣押其宗族 470 多人北歸，北宋滅亡。北宋滅亡後，原宋大元帥、康王趙構從相州（今安陽）南逃應天府（今商丘）。6 月 12 日登上帝位，

是為宋高宗。後建都（行在所）於臨安（今浙江杭州），史稱南宋。

宋室南遷是中原歷史的一個重大轉捩點。此前的數千年，中國歷代王朝多在中原地區建都。隨著宋室的南遷，中國的政治中心從中原地區移出，經濟重心也完全轉移到江南，中原開始由鼎盛走向衰落，經濟文化日漸落後。

史林折枝

▍1‧理學的奠基

北宋時期學術昌盛，周敦頤、邵雍、張載、程顥、程頤並稱「北宋五子」。周敦頤和邵雍是理學的先驅，張載和二程則是理學的奠基者。程顥、程頤兄弟早年曾師從周敦頤，而與張載是姻親關係，曾共同切磋學術，又與長於象數學的邵雍過從甚密。二程長期在洛陽居住治學，後人便以「洛學」稱呼這一學派。程顥最早提出「天理」觀念，在建立倫理本體上比張載來得更明確、更直接、更迫切。「天理」二字最早見於《樂記》，但在二程的理論體系中，「天理」才成為脫離物質載體的純粹理念世界。二程充分吸取釋、道之學，融合三家，方體悟出「天理」，並進而建構出包括自然觀、認識論、人性論在內的完整思想體系。

第八章　元明清（前期）時期

　　元朝的統一，結束了五百多年的紛爭和血戰，使各族人民有可能在比較安定的環境中從事生產，發展文明和公德心，這無論如何是歷史的進步。當時的中國，從各族間互相傾軋廝殺的戰場變成了一個民族大熔爐。

韓儒林

第八章　元明清（前期）時期

從西元 1279 年蒙古滅亡南宋，到西元 1840 年鴉片戰爭前，是中國歷史上的元（西元 1279 年至西元 1368 年）、明（西元 1368 年至西元 1644 年）二代和清代前期（西元 1644 年至西元 1840 年）。元代在黃河以南、長江以北建河南江北行省，明清時期河南省的地域範圍基本固定下來。這一時期全國的政治、文化中心從中原地區移出，河南成為一個普通省分，經濟文化由盛而衰，輝煌不再。

第一節 元朝的河南政區設置

西元 1252 年，蒙古國忽必烈奉命總領漠南漢地軍國庶事，率軍南征，設河南經略司，整頓地方行政，設立屯田。西元 1260 年春，忽必烈即大汗位，建立燕京行中書省，鞏固了在中原地區的統治。西元 1271 年年底，正式建國號大元，元朝建立。西元 1274 年，定都燕京（今北京），稱「大都」。

■ 一、河南江北行省的設立

西元 1268 年，元朝在開封設河南行中書省。西元 1291 年改為河南江北行省，轄 12 路、7 府，其中 2 路 3 府今屬河南省：汴梁路治開封、祥符縣（今開封市），領五州：鄭州治

第一節 元朝的河南政區設置

管城（今鄭州）、許州治長社（今許昌）、陳州治宛丘（今周口淮陽區）、鈞州治陽翟（今禹州）、睢州治襄邑（今睢縣）。河南府路治洛陽，領陝州，治陝縣（今三門峽）。南陽府治南陽，轄五州：鄧州治穰縣（今鄧州）、唐州治泌陽（今唐河）、嵩州治伊陽（今嵩縣）、汝州治梁縣（今汝州）、裕州治方城。汝寧府治汝陽（今汝南），轄4州：潁州治汝陰（今安徽阜陽）、息州治新息（今息縣）、光州治定城（今潢川）、信陽州治羅山。歸德府治睢陽（今商丘睢陽區），轄徐、宿、邳、亳四州。此外，黃河以北的彰德路治安陽，領林州；懷慶路治河內（今沁陽），領孟州；衛輝路治汲縣（今衛輝），領輝州（治今輝縣）、淇州（治今淇縣）。開州治濮陽、滑州治白馬（今滑縣）、濬州治濬縣，屬大名路。以上路、州均屬中書省。

元代河南江北行省政區圖

第八章 元明清（前期）時期

河南江北行省的長官有平章政事、左右丞、參知政事。路設總管府，置達魯花赤、總管。達魯花赤（意為鎮守者）由蒙古人（或色目人）擔任，總管由漢人擔任。府、州、縣均設達魯花赤，府設知府或府尹，州設州尹。

■ 二、元朝河南社會及紅巾軍起義

元朝實行民族歧視政策，臣民分為四等：蒙古人最尊貴，色目（今中亞人及新疆維吾爾族）人次之，再次是漢（淮河以北漢族）人，南人（淮河以南漢族）最低賤。政府主要官員由蒙古人及色目人擔任，漢人和南人不許打獵、習武、集會、學習蒙古文，家中不能存放兵器，被打不准還手，甚至被掠賣。南人20戶編為一甲，由蒙古人當甲主。

蒙古憲宗時史天澤為汴梁經略使，興利除害，誅殺貪官，境內大治。但元朝政治日益腐敗，賣官鬻祿，賄賂公行，官吏公開敲詐勒索，捐稅繁重。元代後期，每年徵調的數量比元初增加20倍以上，仍難滿足鉅額軍費和賞賜之需，於是濫發紙鈔，導致貨幣貶值，經濟崩潰。黃河潰決頻繁，災害嚴重。西元1343年，黃河決白茅堤（今山東曹縣西），河南、山東沿河地區成為水鄉澤國，接著又發生旱災、瘟疫，人民難以生存。詩人迺賢寫道：「河南年來數亢旱，赤地千里黃塵飛。麥禾槁死粟不熟，長鑱掛壁犁生衣。」

西元1351年,朝廷調發汴梁(今開封)、大名15萬民夫修治黃河,白蓮教首領韓山童、劉福通等發動起義,頭裏紅巾為記號,人稱「紅巾軍」,很快發展到10多萬人,攻克洛陽,進軍懷慶路(治今沁陽)。元朝調大軍鎮壓,劉福通退保安豐(今安徽壽縣南)。西元1357年夏,紅巾軍分三路北伐,攻占衛輝路(治今衛輝)。次年5月占領開封,後被元軍擊潰。

　　西元1367年11月,農民起義軍首領、吳王朱元璋派征虜大將軍徐達率25萬明軍北伐,攻克汴梁(今開封)、洛陽。西元1368年9月,徐達率明軍攻入元大都(今北京),元朝滅亡。

第二節
社會經濟的復甦

■ 一、農業恢復與水利工程

　　蒙古滅金後,「漢地不治,河南尤甚」。統治者沒收官田和漢貴族土地賜給蒙古貴族。蒙古軍隊進入中原,大批百姓被殺戮或被役為奴。西元1252年汴梁路、河南府路、南陽府的民戶不到金代的1／6。

第八章 元明清（前期）時期

　　元朝廷設勸農司，禁止貶降良民為奴婢，招集逃亡民戶，鼓勵墾荒，實行屯田和興修水利以恢復農業生產活動。西元1252年，在汴梁設立經略司，以忙哥、史天澤等為使，屯田唐、鄧等州，授予兵、牛，在鄧州置屯田萬戶。西元1265年阿術、阿刺罕等率領士卒在孟州以東、黃河以北荒地立屯耕種。西元1269年徵發南京（今開封）、河南（今洛陽）、歸德（今商丘）諸路編民2萬餘戶，在唐（今唐河）、鄧、申（今南陽）、裕（今方城）等地立屯。西元1260年，懷孟路地方官譚澄令民眾開鑿唐溫渠，引沁水溉田。西元1261年，募集丁夫修築石堰引沁水入黃河，建水閘，疏濬四條大渠，灌溉濟源、河內（今沁陽）等5縣土地3,000多頃。朝廷設立汴梁稻田提舉司，汴梁路設稻田總管，管理官營稻田事務。

　　元世祖在位時基本上沒有發生自然災害，農業生產得到恢復和發展。到泰定帝時，河南「煙火相望，雞犬之聲達乎四境，桑麻被野，桴鼓不鳴」、「提封三千餘里，郡縣星羅棋布，歲輸錢穀數百萬計」，在江北諸省中貢獻糧食最多。木棉和苧麻引入。元代中後期，土地兼併嚴重，苛捐雜稅繁多，不少農民轉徙南方，河南農業凋敝。

　　在元代的近90年間，黃河發生多次決溢和改道。西元1344年6月，黃河北決白茅堤和金堤，下游多地變成水鄉澤國。西元1351年5月，賈魯任總治河防使，徵發民工25萬、

成軍 2 萬疏濬故河，修築堤掃，堵塞白茅決口，使河水回歸故道匯淮入海。賈魯又對河南境內幾條水道加以整治，利用舊有河道疏鑿一條新河，人稱賈魯河，河南中部的河溪溝渠有了吐納宣洩之地，又溝通沿河州縣之間的水道，對發展農業生產活動和水上交通發揮很大作用。

二、手工業與商業的發展

元代河南官營手工業主要集中在紡織、兵器製造、皮革方面。河南省有 10 個專管手工業生產的局（司），工匠有五、六萬人。兵器製造業龐大，在路、府、州設軍器人匠提舉司、軍器人匠局或軍器局，負責軍用品生產。麻紡織業高度發展，紡織技術先進。彰德路、懷慶路（治今沁陽）設有織染匠人局，使用大紡車一晝夜紡績百斤，所織麻布比南布價格高數倍。棉紡織業出現。製瓷業恢復的很快。禹州發現元代鈞窯遺址 160 餘處，窯爐擴大，燒造工藝改進，產品實用。至元年間，滎陽南天里、密縣（今新密）王寨村煤窯得到重新開採。民間冶鐵業發展，中統末年，鈞州（治今禹州）、濟源興辦鐵冶鑄造農具。

元朝統一全國後，各地經濟往來頻繁，河南商人增加，省城開封商業逐漸恢復。汲縣（今衛輝）是重要的商品集散地，汝寧府（治今汝南）商業也很發達。

第八章　元明清（前期）時期

第三節
明代河南的政治發展

西元 1368 年年初，元末農民起義軍首領、濠州鍾離（今安徽鳳陽東北）人朱元璋在應天（今江蘇南京）建立明朝。西元 1421 年，明成祖朱棣遷都北京。

■ 一、政區設置與社會狀況

明代地方設省、府（直隸州）、縣（屬州）三級政權。明初改元汴梁路為開封府，在開封設中書省河南分省，後改稱河南承宣佈政使司，習稱「河南省」，轄境北起武安，南達信陽，東自永城，西至潼關，下設 8 府、1 直隸州、96 縣和 11 屬州。開封府治祥符（今開封市），轄陳州（今周口淮陽區）、許州（今許昌）、禹州、鄭州；河南府治洛陽，轄陝州（今三門峽）；歸德府治商丘（今商丘睢陽區），轄睢州（今睢縣）；汝寧府治汝陽（今汝南），轄信陽州（今信陽）、光州（今潢川）；南陽府治南陽，轄鄧州、裕州（今方城）；懷慶府治河內（今沁陽）；衛輝府治汲縣（今衛輝）；彰德府治安陽，轄磁州。汝州升為直隸州。今濮陽、南樂、清豐、內黃、浚縣、滑縣、長垣當時屬北直隸大名府。

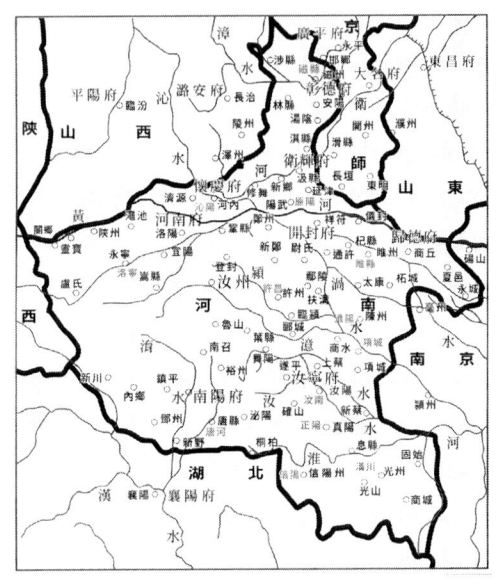

明代河南行省政區圖

　　省設承宣佈政使司、都指揮使司和提刑按察使司，合稱「三司」，分掌行政、軍隊和司法。承宣佈政使司的長官是左、右布政使；都指揮使司的長官是都指揮使；提刑按察使司的長官是按察使。省下設四分守道和三分巡道：大樑分守道駐祥符，河南分守道駐洛陽，汝南分守道駐南陽，河北分守道駐懷慶（今沁陽），分理民政、財政，主掌錢穀之事；大樑、汝南分巡道駐信陽，河南分巡道駐汝州，河北分巡道駐磁州（今河北磁縣），分理司法，主掌刑名之事。府的長官為知府，負責本府的民政、財政和司法。州的長官稱知州，縣的長官稱知縣。

第八章 元明清（前期）時期

　　西元 1430 年，杭州府錢塘（今浙江杭州）人于謙巡撫河南、山西，輕斂薄賦，創立平糴條例，設義倉，豐年官府購儲糧食，荒年廉價賣給飢民。宣德、正統年間鄰省近 20 萬流民進入河南，于謙劃撥荒田、灘地給予流民耕種，發給種子和耕牛，免徵稅糧；發動民工疏濬黃河祥符（今開封）至儀封（今屬蘭考）黃陵岡段河道，疏通封丘金龍口工程，加強黃河堤防的修築管理。于謙的廉潔勤政得到百姓擁戴，人們在開封建于公祠，奉祀不絕。明代把皇室子孫分封到各地成為藩王。河南省先後封 11 位藩王：即開封周王、南陽唐王、洛陽伊王、福王、彰德趙王、懷慶鄭王、汝寧秀王、崇王、鈞州徽王、衛輝汝王、潞王、建設王府。藩王享有政治特權，朝廷賞賜豐厚。王府透過「奏討」、「乞請」，接受「投獻」以及侵奪官民田地等手段擴充田莊，致使「中州地半入藩府」。潞王朱翊鏐即占有土地 4 萬頃。

■ 二、社會矛盾與農民起義

　　明中期以後，河南土地兼併愈演愈烈，導致大批自耕農破產，加上自然災害，出現大量「逃戶」與「流民」。開封、歸德、汝寧三府和伏牛山區成為流民的聚集地。土地兼併使為國家提供財賦的田地數量銳減，但稅糧絲數額不減反增。如西元 1482 年河南起科田地比西元 1391 年減少 11,821 頃，徵收稅額反而增加 79,707 石（糧）、兩（絲），農民賦稅負擔

第三節　明代河南的政治發展

明顯加重。

萬曆年間，內閣首輔張居正改革賦役制度，實行「一條鞭法」，把名目繁多的差徭以及土貢方物歸併合則，一律徵銀；取消力役，由政府僱人應役，役銀向田畝攤派。此舉改變了賦役嚴重不均的狀況，階級矛盾相對緩和，對農民的束縛減輕，工商業者可免役，出現攤丁入畝和賦役貨幣化的趨向。西元 1581 年，一條鞭法在河南普遍推行。但是朝廷在正常賦役之外時常加派，明神宗派礦監稅使搜刮錢財，地方鄉紳也盤剝百姓，從而激起民變、兵變和農民起義。

西元 1633 年，陝北農民起義軍進入河南。西元 1635 年年初，農民軍首領在滎陽召開大會，部署開展全國性的農民戰爭。高迎祥、李自成率部攻打河南，明軍大舉反擊，高迎祥被殺，義軍受挫。西元 1637 年，李自成率農民軍 5,000 騎轉入河南，各地起義農民紛紛加入，攻克宜陽、鄖城，發展成數十萬人的大軍。李自成提出「均田」、「免糧」口號，把豪紳富戶的糧食財產分給農民，得到人民擁護。至西元 1642 年，義軍已連獲洛陽、新蔡、襄城、朱仙鎮、汝寧五次大捷，占領整個河南。同年 10 月，黃河馬家口和朱家寨兩處決口，河水直撲開封城，城內百萬軍民十之八九死於非命，建築物被破壞，城市衰落。西元 1644 年，李自成在陝西西安建立大順政權，然後率軍攻入北京，明朝滅亡。

第八章 元明清（前期）時期

第四節
緩慢發展的社會經濟

　　由於黃河決溢帶來的自然災害和宗藩供養帶來的剝削加重，明代河南經濟環境持續惡化。經濟狀況呈現出兩重性：一方面，全省仍有許多發達地區，有不少優勢和新發展，經濟仍保持著較強的實力；另一方面，橫向與強勢發展的江南沿海地區相比，河南經濟品質存在不小差距；縱向與唐宋相比，河南在全國的經濟地位明顯下降。

一、農業活動的復甦

　　明初，河南「多是無人之處」，信陽、裕州（今方城）、考城（今屬蘭考）、柘城等 10 多州、縣都不足千戶，大片土地荒蕪，而與河南毗鄰的山西省則人多地狹，衣食不足。明統治者採用移民墾荒的政策，把山西民戶遷到河南，從洪洞縣廣濟寺西側的大槐樹下啟程。從洪武年間到永樂初的 50 多年間，幾乎每年都有大批山西人遷到河南各地。山西移民和土著人口自然增長使河南人口增加。西元 1393 年，全省有 315,617 戶，至西元 1578 年增加到 633,067 戶，為農業生產提供了更多的勞動力。統治者採取鼓勵墾荒的政策。西元 1394 年，規定河南等地的農民開墾的荒地聽其自有。洪武年間曾大面積免除河南賦稅，並實行民屯，「凡官給牛種者十稅

第四節　緩慢發展的社會經濟

五,自備者十稅三」。又詔免予徵收,三年後再畝收租一鬥。永樂年間實行軍屯,「大河南北,在在興屯」。明前期採取的移民屯墾、獎勵農桑政策,促進了農業生產活動的恢復與發展。

明代黃河多次氾濫。西元 1448 年,黃河在新鄉八柳樹決口,水利專家徐有貞採取建水門、開支河、浚運河等措施進行治理。西元 1489 年至西元 1491 年黃河兩次決口,副都御史劉大夏率眾疏濬黃陵崗南賈魯舊河、孫家渡河和祥符(今開封)四府營淤河,開鑿新河 70 多里,築長堤自胙城(今延津)至徐州。淤廢的沁河廣濟渠得到修整疏濬,建閘控制水量,新開鑿 6 條河渠。萬曆年間,河內(今沁陽)、濟源上萬名民工在枋口(今濟源五龍口)鑿穿石山建輸水洞,修砌橋閘,建 25 堰,灌溉 5 縣農田數萬頃,又在沁水北開廣惠河,並建成渠系配套工程。

明代河南農作物品種多樣化,種稻縣增多。西元 1543 年,鄢陵、尉氏、襄城、鞏縣(今鞏義)等地種植玉米,萬曆年間各地廣泛栽種蕃薯。明中期糧食產量提高,懷慶府小麥畝產可達 4 石(約 240 公斤)。經濟作物如棉花、藍靛、紅花、芝麻、花生種植漸廣。「中州沃野,半植木棉」,河南是全國棉花的重要產區。西元 1578 年在河南徵收棉花 14 萬多公斤,占全國棉花徵收總量的 27.8%。河南有產麻縣 51 個、產絲縣 68 個、產藍靛縣 35 個、產紅花縣 28 個、產油料縣

第八章 元明清（前期）時期

13個。但豫東平原因黃河改道頻繁，土地沙荒鹽鹼，易澇易旱，加上農具陳舊，河南農業仍相對落後。

■ 二、手工業、商業的發展

明代河南手工業生產活動發展緩慢，礦冶業保持較好趨勢，中後期棉紡織業發展較快。

河南有絲織業的州、縣57個，占全省的72%；有棉織業的州、縣54個，占68%。一些地方官積極推廣棉織。萬曆年間，巡撫鍾化民令各府州縣官下鄉勸農即查紡織之事，勤者賞勞，惰者責戒。確山知縣陳幼學配置800多部紡車分發各鄉。濮陽、鄢陵等地棉布品質可與江南媲美。

萬曆年間，河南（治今洛陽）、南陽兩府「礦徒四集，不下數萬」。採煤業進一步發展。安陽龍山煤礦巷道深數百丈，頂部支板，開採前用長竹筒把瓦斯排出以保安全。新安、禹州設鐵冶所管理冶鐵，製造農具。在安陽和登封發現明代冶鐵遺址，魯山發現煉鐵爐100多座。金、銀、錫礦也在開採冶煉。靈寶秦嶺發現明代金礦洞800多個。桐柏、欒川發現明代銀礦遺址。

制瓷業緩慢發展，禹州鈞窯、汝州汝窯以及許州窯生產活動持續，懷慶（治今沁陽）、汝寧（治今汝南）、宜陽、登封、陝州（治今三門峽）都有生產瓷器。

河南水陸交通便利，衛河、賈魯河貫通南北，潁河、淮

河直通皖、蘇。漕船經淮河、沙河抵潁歧口（今周口），換大船沿黃河到八柳樹（今新鄉南），車運赴衛河，轉輸北京。航船可沿黃河從淮安到達祥符（今開封）黃家樓，裝車陸運到陝州（治今三門峽），換小船沿黃河上行到潼關。

開封、洛陽商業繁榮，安徽、山西商人在河南從事典當、鹽業。開封人口近百萬，城關廂店鋪林立，貨物山積。洛陽人口數十萬，家庭絲織、棉織、釀酒等手工業店鋪和商肆酒館眾多。府、州、縣城大多得到重建，１／４比較繁榮。市鎮貿易興起。萬曆年間，朱仙鎮成為南北商人聚集與商品集散地，有商舖400多家。周家口（今周口）商業貿易初具規模。荊紫關憑藉丹江運輸的便利，水陸縮轂，商賈輻輳。清化鎮（今博愛）居民數萬家，財貨聚集。

第五節
清代前期的河南政治

西元1636年，立國中國東北的「大清」軍隊開始與明軍爭奪山海關。

西元1644年4月，明朝滅亡，清軍進入北京。愛新覺羅‧福臨在北京即帝位，建清皇朝。清軍旋南下占領河南大部分境土。被明末黃河洪水沖毀的開封城得以重建。

第八章　元明清（前期）時期

■ 一、河南的行政設置

　　清代地方分為省、道、府（直隸州、廳）、縣（散州、廳）四級。省級軍、政長官是總督、巡撫，下設布政使、按察使和提督學政。省下設「分守道」與「分巡道」。「分守道」主管錢穀政務；「分巡道」主管刑獄案件。河南省府駐祥符（今開封），不設總督時由巡撫兼提督軍務、糧餉，管理河道、屯田。下設一分守道，即開歸分守道，駐開封；四分巡道：河陝汝道駐陝州（今三門峽），開歸陳許鄭道駐開封，河北道駐武陟，南汝光道駐信陽。

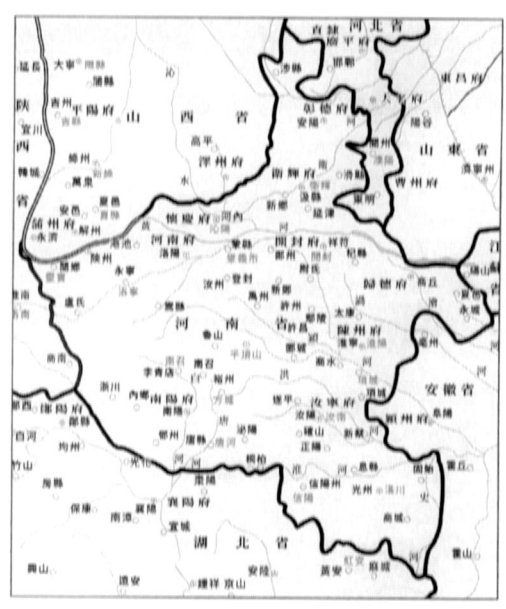

清代河南省政區圖

道下為府（直隸州、廳）。西元1731年，河南省設定8府、7直隸州：開封府治祥符（今開封）、河南府治洛陽、歸德府治商丘、彰德府治安陽、衛輝府治汲縣（今衛輝）、懷慶府治河內（今沁陽）、南陽府治南陽、汝寧府治汝陽（今汝南）、陳州治懷寧（今周口淮陽區）、許州治今許昌、陝州治今三門峽、光州治今潢川，還有禹州、鄭州、汝州。府長官稱知府，州長官稱知州。府下為縣（散州），長官為知縣。縣下有里甲、保甲。

二、政策改革與社會變遷

西元1724年，漢軍正黃旗人田文鏡任河南巡撫，後擢河南、山東總督。他致力於政治經濟改革：一是減徵耗羨（賦稅所徵加耗在抵補實際損耗的盈餘），把原來全省平均每兩加八錢降為一錢多；又規定養廉銀數額，扣除官員生活和辦公費，剩餘提解補償前任的欠款。二是整頓吏治，嚴禁官紳包攬錢糧詞訟。三是推行保甲制，維護社會治安。四是稅制改革，推行攤丁入畝，減輕貧民負擔。田文鏡撫豫9年，社會積弊減輕，財政狀況好轉。

西元1737年，保定府博野（今屬河北）人尹會一調任河南巡撫，倡導廣開財路，發展生產活動。他要求百姓因地制宜，開水田，植五穀；在鹽鹼地煎土熬硝，買賣販運。組織民眾疏濬河道，排洩積水；令地方官曉諭農戶按時耕種，因

工本不足過時未種者借給倉穀；一佃戶種地不得超過 30 畝，多施糞肥，勤除草，講求耕耘方法，鼓勵種樹；讓地方官造織機分給民戶使用，一年後還本。清理糧倉，按歉收數量出借米穀，通商便民。尹會一任巡撫 3 年，河南農業生產活動恢復發展，全省 70% 以上州縣有棉織業，能調領薪水食 10 萬餘石（約 6 萬噸）救濟其他受災省分。

三、社會矛盾與白蓮教起義

雍正年間以後，河南土地兼併逐漸加重，大地主出現。夏邑人彭家屏曾任布政使，在家鄉「擁有厚資，田連阡陌」。儀封（今蘭考東）周伯章「田連四邑，畝以萬計」。外省商人多乘災荒年分來河南購買田畝。土地兼併與高利貸剝削使不少自耕農失去土地，淪為佃戶。地主對佃戶「肆行役使，過索租課」。水旱災害頻仍。黃河下游河道因淤積而成地上懸河，遇洪水就發生決溢，「大水猝至，室廬一空」。旱災、風災、蝗災也屢見不鮮。人民生活無著，被迫起來反抗。

乾隆年間，民間宗教白蓮教從祕密轉向公開，從宗教活動轉向反抗對抗。西元 1788 年，鹿邑人樊明德創立混元教，劉之協改為三陽教，襄陽人宋之清創西天大乘教，徒眾在河南等地活動。西元 1796 年年初，荊州、襄陽等地白蓮教發動起義，分三路進軍河南，清廷發動地主武裝堅壁清野。三陽教首劉之協率領起義軍轉入河南，西元 1800 年 7 月在伏牛山

第六節　經濟的提升

地,開封、南陽府絲織業最發達。汴綾、湯陰綢、臨潁錦是省內的名優產品。全省約 1／5 的州縣產煤。煤窯實行土法開採,有的僱工數千人。禹州和鞏縣（今鞏義）鐵礦開採,鑄鐵業規模擴大。康熙年間濟源銅礦開採 30 多年,河內（今沁陽）李封等地開採硫黃。陝州（治今三門峽）甘壕、密縣（今新密）、魯山、新安有瓷器生產活動。釀酒業發達,直隸（今河北）、山西、陝西等省所用酒麴出自河南,溫酒、鹿邑酒、清豐酒、寶豐酒出現。

　　清初河南商業衰退,但經雍正、乾隆年間恢復發展已超越明代。活躍於河南的商人以山西、陝西籍為主,本省商人以懷幫和武安商幫為主。懷幫主要經營藥材及布匹、糧食、竹器,轉運南北雜貨。清初重建開封城,汴橋隅、大隅首、貢院、鼓樓隅商店分佈密集。洛陽城南門、東門大街最為繁華,山陝商號多達 651 家。懷慶府、孟縣、溫縣、正陽、許州（今許昌）、光州、光山廛肆陳列,財貨充斥。朱仙鎮是「天下四大名鎮」之一,全盛時人口 20 多萬,商舖 620 餘家,繁榮甲於全省。賒旗店（今社旗）乾隆年間有各種店鋪 400 餘家,周家口（今周口）道光年間商家有千餘家。北舞渡商舖眾多,經營商品中轉和批發零售。這些鎮集市場在全省經濟中占重要地位。農村市場規模擴大,全省集鎮發展到上千處。

第八章 元明清（前期）時期

第七節
傳統文化的延續與發展

一、思想與學術的活躍

在元、明、清三代河南的思想學術中，理學居統治地位，心學流傳，經世之學出現，經學與金石學、史學小有成就，地方志修纂興盛。

元代河南理學家以姚樞與許衡最為著名。姚樞祖籍柳城（今遼寧朝陽），遷居洛陽，曾任昭文館大學士，提出八條治國大綱，建議「罷世侯，置牧守」、「選人以居職，頒俸以養廉，去汙濫以清政，勸農桑以富民」。晚年居輝州（今輝縣），與許衡、竇默講習理學。

河內（今沁陽）人許衡，字仲平，官至左丞、國子祭酒，倡導儒學，推行漢法，著《魯齋遺書》，認為「道」是不變的精神實體，「道」衍生「精氣」，然後分為天地，產生日月星辰、人和萬物。心、性是「理」在人身的體現，人改變氣質關鍵在修養，努力實行才能體現真知。

許衡像

第七節　傳統文化的延續與發展

　　明代河南有以曹端為代表的理學家，何瑭、崔銑、尤時熙、孟化鯉等心學家，王廷相、高拱、呂坤等實學家。明初，河南澠池人曹端歷任霍州、蒲州學正，有《曹月川集》。他學尊程朱，以靜存為要而重踐履，認為太極是萬物之源，理與氣一體，「理是本」。人的本性是仁義中正，「三綱五常」是治國齊家的準則。在他和薛瑄的影響下，河南出現閻禹錫、尤時熙、崔銑、何瑭等理學、心學名士。明中葉河南有王廷相、高拱、呂坤等進步思想家。開封府儀封（今蘭考東）人王廷相「博學好議論，以經術稱」，官至南京兵部尚書，著《雅述》、《慎言》，是明末清初經世思想的先驅。他認為「元氣」是世界的本原，太極就是太始混沌清虛之氣。氣載乎理，理出於氣，不能離氣言性。認識以感性知識為基礎，知識來源於實踐。政治制度應隨社會歷史的演進而變化。開封府新鄭（今屬鄭州）人高拱官至內閣大學士，堅持氣一元論，主張理、氣合一；否定天命論，強調人的主觀能動性；在認識論上主張求實、求是，行貴於知；反對空疏之學，主張經世致用。歸德府寧陵（今屬商丘）人呂坤官至刑部侍郎，有《去偽齋文集》、《呻吟語》，強調「氣」是本體，「元氣」主宰天地萬物，「理」寓於「氣」，倡導實學。

　　清代孫奇逢、湯斌、李來章、張伯行、耿介、冉覲祖、竇克勤和張沐稱「中州八先生」，其學術代表著清前期理學的高峰。北學泰斗、保定府容城（今屬河北）人孫奇逢清初客居

輝縣夏峰村，講學著書25年，有《夏峰先生集》。他「以慎獨為宗，以體認天理為要，以日用倫常為實際」，持理、氣二元論，認為世界的本原是元氣，又認為「心」是宇宙的「真體」。天就是太極，太極就是理。認識過程是由漸悟到頓悟，強調知行並進。歸德府睢州（今睢縣）人湯斌官至尚書、內閣學士，著有《洛學編》。他尊崇理學而不廢心學，認為「道本於心」，性與道就在人身、人心，表現在綱常倫理與日常生活中，主張知行並進、身體力行。

明清河南學者多攻經學和金石學。周王府宗正朱睦㮮對《易》、《春秋》研究深邃，著《五經稽疑》、《授經圖傳》。河南偃師（今洛陽偃師區）人武億在群經注疏、諸史異同、地誌金石方面多有創穫，著《群經義證》、《三禮義疏》、《偃師金石記》、《安陽金石錄》。開封府祥符（今開封）人常茂徠擅長《春秋》，著《續兩漢金石記》、《續中州金石考》、《祥符金石記》。史學也小有成就。明代南陽府鄧州（今鄧州市）人李賢官至朝廷首輔，著《鑑古錄》，奉敕修撰《大明一統志》，儲存了明代以前志書資料。祥符（今開封）人李濂編纂有《汴京遺跡志》、《祥符文獻志》、《祥符鄉賢傳》。清代歸德府睢州（今睢縣）人湯斌三入史局，曾總裁史事，撰《擬明史稿》。

明代河南省修纂方志271種。省志以成化《河南總志》最早，嘉靖《河南通志》價值最高。嘉靖《彰德府志》、萬曆《開封府志》、正德《懷慶府志》、弘治《河南郡志》出類拔萃。清

第七節　傳統文化的延續與發展

代河南方志修纂常態化，志書比明代多近一倍，修志理論和志書更為成熟。巡撫賈漢復、沈荃修纂的順治《河南通志》被朝廷頒諸全國作為範本，影響最大。巡撫顧汧、學者張沐修纂的康熙《河南通志》體系更為完備。乾隆《河南府志》、《彰德府志》、《偃師縣志》、《固始縣志》是府縣志中的佼佼者。

二、宗教的衰落與變遷

元朝河南的佛教、道教都有發展，伊斯蘭教出現。明清兩代佛教和道教衰落，伊斯蘭教發展，西方天主教及基督教傳入，民間祕密宗教白蓮教興盛。

元朝奉佛教為國教，僧人免除稅役。少林寺是禪宗中的曹洞宗基地，臨濟宗也在河南傳布。龍川和尚主持重修洛陽白馬寺，規模宏大，塑像精緻。明代佛教逐漸世俗化，河南禪宗以臨濟宗最盛。西元1555年，司禮監掌印太監黃錦整修白馬寺，奠定其規模與佈局。清康熙年間臨濟宗法嗣、洛陽人如琇和尚重修白馬寺，臺閣殿宇煥然一新。清中期以後佛教衰落。元代道教全真教、真大教、太一教都在河南傳播，全真教勢力最大。明嘉靖、萬曆年間濫發度牒，河南各道地教大肆修建宮觀、廣置田產，教派主要是正一教與全真教。清代全真教中衰後又復興，河南有中嶽廟、老君山、太清宮、延慶觀等著名宮觀。

元代回族人形成。隨著探馬赤軍在河南屯田，穆斯林在

各地建禮拜寺，元末明初始稱「清真寺」，伊斯蘭教（又稱回教）在河南傳布。明末西方天主教傳入河南。西元 1613 年，天主教耶穌會士義大利人艾儒略（Giulio Alenio）、郭居靜（Lazzaro Cattaneo）和法國人金尼閣（Nicolas Trigault）到開封傳教。西元 1628 年，義大利神父畢方濟（Francesco Sambiasi）在開封購民房改建教堂，有教徒數百。清初法國耶穌會士恩理格（Christian Herdtrich）到開封主持教務，在朱仙鎮、扶溝等地設傳教點。

元朝統治者嚴禁白蓮教，但它仍在民間祕密傳播。明清河南民間宗教仍以白蓮教為主，有聞香教、八卦教、清茶門教等名目。

三、文學及藝術的發展

元、明、清三代，中原文壇相對沉寂，但詩歌散文不無成就，戲劇、小說興盛。

元代理學家姚樞的詩歌理學氣息濃厚，其姪子姚燧以散文著名，許衡的詩詞功力深厚。

明代河南文壇以李夢陽、何景明和王廷相影響最大。他們反對粉飾太平、形式典麗的「臺閣體」文風，提倡致用，強調詩歌的「格」、「調」，重視「比興錯雜」，發起文學復古運動。李夢陽祖籍陝西慶陽（今屬甘肅），遷居開封，官至戶

第七節　傳統文化的延續與發展

部員外郎,強調「文必秦漢,詩必盛唐」,是明中期文學復古的代表人物。其文章各體皆備,詩歌反映現實,揭露時弊,才氣豪邁,筆力雄健。汝寧府信陽(今屬河南)人何景明官至陝西提學副使,倡導文學復古運動而力求創新,文章風格突出,詩作體裁多樣。開封府儀封(今蘭考東)人王廷相也主張文學復古,議論文說理透闢,論辯充分;雜文借物言事,寓含深意;邊塞詩蒼涼悲壯。歸德府(治今商丘睢陽區)人侯方域明末在南京參加復社,清初歸隱故里,與文士結「雪苑社」。他的詩歌筆力遒勁,議論文流暢恣肆,氣勢宏偉,散文流暢通達。宋犖詩作工麗清秀,富有畫意。明代河南府洛陽人方汝浩撰有長篇章回小說《禪真逸史》、《禪真後史》和《東度記》。清代汝州寶豐人李海觀的白話小說《歧路燈》,寫開封府祥符(今開封)書香世家公子譚紹聞染惡習鋃鐺入獄,後浪子回頭重振家業的故事,揭示封建社會末期中下層社會的生活,結構比《紅樓夢》略高一籌。

商丘侯方域壯悔堂

第八章 元明清（前期）時期

雜劇是元「一代之文學」，河南作家有鄭廷玉、李好古、宮天挺等。彰德路（治今安陽）人鄭廷玉編撰雜劇 22 種，生活氣息濃厚。汝寧府西平（今屬駐馬店）人李好古撰雜劇《張生煮海》、《劈華山》、《鎮凶宅》。大名路開州（今河南濮陽）人宮天挺撰作《死生交範張雞黍》、《嚴子陵垂釣七里灘》等雜劇 6 種。明周憲王朱有燉創作雜劇 31 種，稱《誠齋傳奇》。清代河南孟津（今洛陽孟津區）人王鑨寫有傳奇《華山緣》、《秋虎丘》、《雙蝶夢》，河南新安人呂履恆有《洛神廟》，呂公溥有《彌勒笑》。

元、明、清三代河南文人書法、繪畫趨於衰落，壁畫、年畫、樂舞、戲劇等民間藝術則有所發展。元初影響最大的書法家鮮於樞出生於汴梁路（治今開封），擅長楷書、行書，草書尤精，有〈韓愈進學解草書卷〉、〈老子道德經楷書卷〉。明初南陽府（治今南陽市）人宋廣明擅長草書。河南孟津人王鐸仕清任禮部尚書，書法功力深厚，風格獨特。其草書以沉雄頓挫為體，飛動變化為用，達到寓變於毫端、寄情於紙上的藝術境界，人稱「神筆」，有〈擬山園帖〉、〈琅華館帖〉等傳世。

朱德潤、張路、張成龍、王鐸是北派山水畫的代表。元代歸德府睢陽（今商丘睢陽區）人朱德潤的山水畫師法自然，溪山清遠，林木挺健，峰巒聳秀，筆墨秀勁清雅，有〈秀野軒圖卷〉、〈松溪放艇圖卷〉。明代開封府祥符人張路山水、人

第七節　傳統文化的延續與發展

物畫皆工，山水畫有戴進風致，人物畫繼承疏體寫意傳統，筆勢雄壯，有〈山水人物冊頁〉、〈道院馴鶴圖軸〉。開封府（治今開封）人張成龍畫作細密精工，筆力高古，以〈峨眉積雪圖軸〉最佳。王鐸亦善畫，其〈鄉野臥遊圖軸〉、〈秋山閒居圖軸〉頗有特色。

民間畫工的壁畫與木版年畫成就斐然。元代河南府路洛陽人馬君祥父子及其藝徒所作山西芮城永樂宮三清殿大型壁畫〈朝元圖〉，場面宏偉，主次分明，線條流暢，色調純樸渾厚。清代朱仙鎮年畫分為門神、神禡、故事、家堂、遊戲圖五類，採用黑線條勾勒，套色印刷，構圖奔放，色彩鮮豔。

明清河南小曲、雜曲、時調小令內容豐富，形式多樣。宣德、萬曆年間〈鎖南枝〉、〈傍妝臺〉、〈山坡羊〉等在開封府流行，嘉靖、隆慶年間〈鬧五更〉、〈美生草〉、〈粉紅蓮〉等歌曲在汝寧府信陽流行。民間器樂合奏曲有鼓吹樂、絃索樂、吹拉樂、鑼鼓樂，獨奏曲有吹管樂、拉絃樂、彈絃樂。說唱音樂有牌子曲、鑼鼓曲、弦子曲和鼓板曲。明代民間樂舞有訝鼓舞、獅子舞、高蹺、竹馬、蹦傘，清代有獅子舞、舞龍、旱船、小車、高蹺、腰鼓等。

清康熙年間河南梆子逐漸發展成熟，有班社、名演員、劇目，並形成不同的地域流派。越調原稱四股弦，明末出現，清乾隆年間禹州設有越調班社。

第八章　元明清（前期）時期

■ 四、科學與教育的進步

元、明、清三代河南科學技術成就主要表現在數學、天文曆法、植物學、醫學與水利、農業技術方面。

元代理學家許衡通曉曆法，西元1276年領太史院事，與郭守敬改進天文觀測儀器，在全國建造5處觀測臺進行觀測，至今僅存河南陽城（今登封告成）觀測臺，在大規模觀測的基礎上制定了中國古代最卓越的曆法《授時曆》。

明鄭恭王世子朱載堉潛心研究天文律歷和數學，著作輯為《樂律全書》。中國古代用「三分損益法」求十二律，所得十二音程大小不一，無法旋宮和轉調。朱載堉找到計算律管長度的公式，求出完整的八音度，把它分為十二個相等的半音，製表標明標準律管、半長律管和雙長律管的長度，稱「十二平均律」，在世界上有著巨大影響。他首創珠算開方，發明不同進位制的小數換算方法，創造求解等比數列的中項和其他各項方法，又研究圓周率，其研究方法和成果已與近代自然科學接近。清代歸德府柘城（今屬商丘）人李子金著《演算法通義》，創造性地發展某些幾何原理，給出求正弦餘弦函式值的近似公式，改進三角函式造表法公式以提高精確度；《歷範》用象限表推求日行盈縮，較為準確。柘城人杜知耕融會中西數學知識，著《幾何論約》。

第七節　傳統文化的延續與發展

沁陽鄭王府朱載堉像

　　明代周王朱橚建植物園引種野生植物，觀察其生長、發育、成熟、繁殖，編著《救荒本草》，列舉植物414種，是「中世紀最卓越的本草書」。固始人吳其濬狀元出身，官至湖廣、雲貴總督，在家鄉創辦「東墅」研究植物，花費30多年寫成《植物名實圖考》，記載植物1,714種，附圖1,800多幅，在植物分類、藥材形態、藥物治療學方面有創造性貢獻。明代周王朱橚等彙集明代以前各家方書和民間驗方、單方，編成《普濟方》，集中華醫藥方濟之大成。開封府雍丘（今杞縣）人李中立著《本草原始》，收藥物478種，在藥物鑑定方面價值頗高。清代歸德府夏邑（今屬商丘）人楊璿擅長辛涼宣洩、升清降濁、清熱解毒、攻下逐穢療法，著《傷寒瘟疫條辨》。陳州商水（今屬周口）人王廣運精通醫理，著《十二經絡針灸祕法》，並為張仲景的《傷寒論》作註解。水利技術進步。元代總治河防使、澤州高平（今屬山西）人賈魯採取先疏後塞方法對黃河進行大規模治理，採用「石船堤障水法」堵塞

第八章 元明清（前期）時期

白茅決口，是堵口技術的創舉。清代淮海道員、汝寧府羅山（今屬信陽）人黎世序採取「束水攻沙」方略疏濬海口淤積，使河水返故道入海，改廂掃為碎石護坡，組織編撰《續行水金鑑》。在農業生產方面，清前期廣泛採用高產栽培方法「區田法」。

元、明、清三代河南存在地方官學、書院與私學。官學逐漸衰落，書院教育興盛。

元代河南有路、府、州、縣四級官學，明初府、州、縣學重建或創辦，中葉以後官學因淪為科舉附庸而衰落。清代設提督學政掌管全省學校，有官辦儒學 116 所，因教職不舉而逐漸衰落。元朝河南的百泉書院、嵩陽書院、伊川書院得以延續，新創辦穎谷書院、洛西書院、志伊書院、儒林書院。明代河南建書院 75 所，開封府祥符（今開封）有大樑書院、二程書院和遊梁書院。西元 1468 年，戶部尚書、許州襄城（今屬許昌）人李敏以「丁憂」還鄉，在紫雲山建屋讀書講學，朝廷賜額「紫雲書院」。西元 1528 年，侯泰在登封嵩陽觀舊址造房，捐助學田，聘師授徒，嵩陽書院復興。清代河南多創辦書院，西元 1644 年至西元 1733 年修復和新建書院 71 所。大樑書院明末被河水沖毀。西元 1673 年，河南巡撫佟鳳彩在天波樓舊址重建，後遷建州橋西、行宮東路北。西元 1825 年，錢儀吉任主講，開創新風，講授經史、小學、天

> 第七節　傳統文化的延續與發展

文、地理，不學習八股文。清初理學大師孫奇逢主講百泉書院，學者雲集。康熙初年，登封知縣葉封重建嵩陽書院，耿介主持嵩陽書院 30 年，學風大盛。

社學和義學遍及河南鄉村、集鎮。明代全省有社學 327 所，清代達 700 餘所。私塾分為蒙館和經館。蒙館進行初級識字教育，主要誦習《百家姓》、《千字文》等；經館著重誦習「四書」、「五經」，研習八股文和寫詩作對。

西元 1315 年，元朝恢復科舉考試，河南江北行省會試在汴梁路祥符縣（今開封）舉行。明代科舉制度更為完備。鄉試三年一科，考試內容包括經義、詔誥律令和經史時務策。河南鄉試在開封府祥符縣（今開封）河南貢院舉行。成化年間以後八股文成為科舉考試的固定文體。考生答卷用墨筆，由專人用硃筆謄錄，考官用青筆評閱。鄉試合格者參加會試與殿試，合格者稱進士。清代科舉分為正科與恩科，制度與明代大體相同，搜檢、彌封、謄錄、對讀、閱卷和科場迴避制度更為嚴格。考試內容因循明代而有變動，制義更注重「四書」，文體沿用八股文。

第八章　元明清（前期）時期

讀史益智

■ 賈魯治河

西元 1344 年 6 月，河南連降大雨，黃河暴溢，北決白茅堤（今蘭考東北）、金堤，沿河郡邑農田被淹，民房沖塌，帶給人民極大苦難，也破壞了運河漕運和鹽場。

西元 1351 年 5 月，元順帝任命河東高平（今屬山西）人賈魯為工部尚書、總治河防使，徵發汴梁（治今開封）、大名等 14 路 15 萬民工及廬州（治今安徽合肥）等 18 翼 2 萬軍隊到河上服役。首先開鑿黃陵崗（今蘭考東北）至白茅、黃固至哈只口（今虞城境內）的新河道，又疏濬減水河 140 公里，然後堵塞南行之舊河道，使河水由新鑿之河道至哈只口進入故道，東流徐州，合淮河入海。賈魯在治理黃河的同時，又利用舊河道，疏鑿了一條從滎陽到周家口的新河道，人稱賈魯河，它使河南中部的河流有了宣洩之地，並成為中原連結江淮的水運幹線。

賈魯治河工程大、速度快，是治理黃河史上的創舉。但因徵發役使各地一二十萬人治河，也使社會矛盾漸漸激化。因此歷來對賈魯治河褒貶不一。後人在賈魯故宅題詩說：「賈魯治黃河，恩多怨亦多。百年千載後，恩在怨消磨。」評論可謂公允。

史林折枝

1・洪洞移民

經歷元末的戰亂之後，明初河南「多是無人之處」，人口稀少，一些州縣人口在千戶以下，造成大片土地荒蕪。而與河南毗鄰的山西省則人多地狹，衣食不足。

明代統治者採取移民墾荒的政策，將山西民戶遷至河南定居。官府在山西平陽府洪洞縣廣濟寺設定機構，辦理移民遷徙手續，頒發戶部遷徙證件。廣濟寺西側有一棵大槐樹，移民在那裡等待遷送，洪洞大槐樹就成為山西移民外遷的啟程地。

從洪武年間到永樂初年的 50 多年間，幾乎每年都有戶部安排山西人分批前往河南。移民主要來自太原府、平陽府（治今臨汾）、澤州（治今晉城）、潞州（治今長治）、遼州（治今左權）、沁州（治今沁縣）、汾州（治今汾陽）的屬縣，定居在懷慶（治今沁陽）、衛輝、彰德（治今安陽）、開封、歸德（治今商丘睢陽區）、汝寧（治今汝南）、南陽、河南（治今洛陽）8 府 12 州 88 縣。山西移民使河南地區人口增加，對社會經濟的發展有著促進作用。

第八章　元明清（前期）時期

■ 2·明代河南的藩王

明初統治者為加強專制主義中央集權統治，避免皇權旁落，將子孫分封到全國各地，建立起 24 個藩王，以後又多有分封。藩王有兵權和監察之權，經濟上朝廷常賜給大量金錢、物品、歲祿和田園。分封在河南的藩王共有 11 位：開封的周王、南陽的唐王、洛陽的伊王及福王、彰德的趙王、懷慶的鄭王、汝寧的秀王及崇王、鈞州的徽王、衛輝的汝王及潞王。藩王在就藩地建立王府，成為機構龐雜的小獨立王國。

王府占有的田產往往跨省連郡，潞王朱翊鏐占有土地 4 萬頃。西元 1613 年，福王朱常洵至洛陽就藩，朝廷賜田 2 萬頃。西元 1432 年，明宣宗特賜周王「開封府稅課鈔，令王府自收」，並命「兵部給開封民丁三百人充王府校尉」。藩王殘酷的剝削加重了人民的負擔，不利於經濟的發展。

一些藩王為文化的發展作出了突出貢獻。如周王朱在植物學、醫學方面成就顯著；周憲王朱有燉精於詩文詞曲，創作的雜劇風行一時。周王府宗正朱謀㙔以經學著稱。鄭王世子朱載堉學識淵博，創立十二平均律，是中國封建社會末期的一顆科學與藝術巨星。

第九章　清代後期

　　與外界完全隔絕曾是儲存舊中國的首要條件，而當這種隔絕狀態在英國的努力之下被暴力所打破的時候，接踵而來的必然是解體的過程，正如小心儲存在密閉棺材裡的木乃伊一接觸新鮮空氣便必然要解體一樣。

—— 卡爾・馬克思（Karl Marx）

第九章　清代後期

從西元 1840 年中英鴉片戰爭爆發，到西元 1911 年清朝滅亡，共 72 年，屬於清代後期。鴉片戰爭是中國近代史的開端，從此中國進入半殖民地半封建社會，河南人民也陷入苦難的深淵，掀起了轟轟烈烈的反帝反封建抗爭。這時，民族資本主義新經濟在河南產生，出現了新舊文化的交替。

第一節
19 世紀下半葉的河南社會

■ 一、鴉片戰爭後的社會變遷

19 世紀上半紀，英國透過大量走私鴉片，每年從中國掠奪數百萬兩白銀，毒害數以百萬計的中國百姓。西元 1839 年，湖廣總督林則徐在廣東實施禁菸，收繳外商鴉片在虎門銷毀。西元 1840 年 6 月，英國殖民者發動鴉片戰爭，清廷連續徵調河南綠營兵和鄉勇馳赴前線，僅揚威將軍奕經麾下的中原壯士就有 3,000 多人。西元 1842 年 8 月 29 日，欽差大臣耆英與英國簽訂《中英南京條約》，清朝開放五口通商，賠款 2,100 萬銀元，割讓香港，給予外國領事裁判權和最惠國待遇，外國教會可在華傳教。中國的主權獨立與領土完整受到破壞，開始淪為半殖民地半封建國家。

鴉片戰爭失敗和不平等條約的簽訂，帶給河南廣泛而深

遠的影響。一是鴉片大量輸入導致白銀外流，銀價上漲。西元1845年前後的銀價較鴉片戰爭前增長70%至80%，而同一時期以制錢計算的糧價卻沒有多大變化，農民的田賦負擔進一步加重。二是官府為彌補鴉片戰爭帶來的鉅額財政虧空，進一步加大對人民的搜刮，正賦以外的雜稅名目繁多，丁漕浮收、差徭改折及各種苛派、厘金、捐輸加重，導致社會矛盾激化。三是天主教、耶穌教及東正教等「洋教」傳入。西元1843年，天主教義大利米蘭外方傳教會的教士進入衛輝府（治今衛輝）傳教，次年羅馬教廷在南陽靳崗設立總教堂，管理河南教務，全省天主教徒已有2,000餘人。

沁陽北伐太平軍指揮部舊址

西元1851年1月11日，洪秀全等在廣西桂平金田村發動農民起義。

西元1853年3月，義軍攻占江寧（今江蘇南京），改稱天京，建立太平天國。為推翻清朝廷，太平軍北伐三次進入河南。

第九章　清代後期

　　西元 1853 年 5 月 13 日，李開芳、林鳳祥率太平軍從浦口北上，擊潰河南巡撫陸應穀的 4,000 名官兵，進入歸德府城（今商丘睢陽區），圍攻開封未克，在汜水（今滎陽西）、鞏縣（今鞏義）一帶強渡黃河。清軍聚集 3 萬多人阻擊，太平軍在懷慶（今沁陽）城外大敗清軍，揮師進入山西。西元 1854 年，曾立昌率太平軍北伐援軍攻入永城、夏邑，取道山東增援北伐軍。西元 1862 年 4 月，太平天國西北遠征軍陳德才部進入南陽，賴文光部與豫南捻軍會合，在鄭州、鄧州、魯山三次打敗清軍僧格林沁部騎兵。

　　19 世紀中葉，因軍隊調動、軍餉和軍需物資的運送絡繹不絕，河南人民的差徭負擔成倍增加，處境「如水益深，如火益熱」，被迫結成「捻黨」，反抗清王朝的腐敗統治。河南捻軍主要在豫東、豫西南、豫南活動，皖北捻軍也不斷轉戰河南。

　　西元 1853 年，永城的李月、宋喜元和夏邑的王貫三、李高行等部捻軍分別起事，在虞城馬牧集與官軍作戰。次年，蘇天福又在永城起事。

　　西元 1855 年 7 月，豫東和皖北各部捻軍領袖在雉河集（今安徽渦陽）「會盟」，推舉張樂行為盟主，下按五色分設五總旗，豫東捻軍蘇天福任黑旗「大趟主」。豫東捻軍與皖北捻軍配合，多次圍攻歸德府城。次年豫西南捻軍李太春、王四老虎等部攻克裕州（今方城）城，轉戰汝州、汝寧府（治今汝

> 第一節　19世紀下半葉的河南社會

南），被河南巡撫英桂率軍擊潰。西元1859年春，皖北撚軍進入河南，在北舞渡擊斃清軍將領邱連恩。次年5月初，又在柘城馬鋪殲滅清軍川北鎮總兵王鳳祥、荊紫關副將王慶長等部。9月，劉玉淵、宋喜元等部撚軍4萬多人從亳州進入河南，在汝陽（今汝南）野豬崗殲滅8,000名清軍。

西元1862年8月，清朝特命僧格林沁統轄河南、山東兩省軍務，領騎兵進入豫東，在雉河集擊敗蘇天福、王貫、張樂行三部撚軍主力，豫東撚軍潰散。西元1864年，陳大喜的豫南撚軍與賴文光、張宗禹領導的太平軍聯合，組成「新撚軍」，重創清軍僧格林沁部騎兵，擊斃僧格林沁。清廷又以曾國藩督辦直隸、山東、河南三省軍務，鎮壓撚軍。張宗禹、賴文光部連續數月在中原穿梭作戰，挫敗曾國藩「重點設防」、「以靜制動」及「聚兵防河」的方略。西元1866年11月，清廷改命李鴻章為欽差大臣鎮壓撚軍，東、西兩路撚軍先後失敗。

二、社會動盪與抗爭運動

19世紀中葉的長期戰事對河南社會的影響巨大：一是戶口耗減，田地荒蕪，民生凋敝。二是戰亂中死亡流移者失去的土地，大部分落入地主富人之手。光緒末年，固始縣土地「紳富占者十七八，民間己業自種者不過二三」；永寧（今洛寧）山區地主張、喬、商、馬、雷諸家土地「掛千頃牌」。地

第九章　清代後期

主占有的土地或讓農民佃種，或自家僱工耕作，地租剝削率高，佃農無生產活動積極性。三是封建統治腐朽，不少地主豪紳透過「捐納」買官，軍人因軍功獲得職銜，「吏治日偷」。光緒後期河南各縣的丁漕僅正額即浮收一倍成為「羨餘」，被州縣官中飽私囊。

上述種種原因疊加，河南農業生產活動日趨衰退，農民的生活日益貧困化，「民生日蹙」。

西元1883年，英國傳教士在上海建立基督教組織「中華內地會」，次年內地會在商水周家口（今周口）建福音堂，後來把黃河以北地區劃歸加拿大長老會的宣教區。西元1893年，河南省8個縣建立教堂31所。西元1906年，俄國東正教傳入河南。至西元1910年，河南省天主教堂和福音堂共75所，遍及全省7府、36州縣。洋教士霸占農田、房屋，包攬詞訟，庇護教徒為非作歹，勒索教務賠款，激起河南人民的強烈反抗。

19世紀後期，河南10多州、縣相繼發生反教會抗爭，較大的是「南陽還堂案」。西元1861年，南陽靳崗天主教堂指認城內江浙會館是天主教在康熙年間所建教堂舊址，要求清總理衙門諮請河南當局歸還。南陽士紳聯名具呈，要求官府據理嚴拒，民眾把洋教士住處「毀壞殆盡」。西元1866年，河南巡撫李鶴年令南陽府「勸諭」江浙會館首事之子「情願將會館捐讓」，並允許教堂買城內周姓房產宅地。南陽民眾鳴鑼

第一節　19 世紀下半葉的河南社會

聚集,聲稱要盡殺教士、教民,一些紳士聯名具呈,反對在城內建天主教堂。西元 1884 年,中法戰爭爆發,南陽人民掀起新的反洋教浪潮。西元 1894 年靳崗天主教堂表示「永遠不索」城內江浙會館。「南陽還堂案」以南陽人民的勝利而告終。

南陽靳崗天主教堂司鐸樓

西元 1900 年,義和團運動波及豫北、豫東,河南掀起群眾性的「燒堂毀教」行動。是年夏,河南大旱,開封和許多州縣傳播口號「殺了洋人頭,猛雨往下流」,汝南劉二磨等聚眾扒教堂,逐洋人。八國聯軍進犯天津、北京後,河南人民掀起一場猛烈的反帝風暴,南陽農民 7,000 人手持刀矛棍棒,高喊口號「扒洋樓,報冤仇」,圍攻靳崗教堂,3 天後聚集民眾數萬人。因官府威脅利誘,教堂得以儲存。確山民眾 3,000 多人圍攻韓莊天主教堂,周圍數十里村民前往援助,攻入教堂,教士出逃。

第九章　清代後期

第二節
近代農工商業的發展

清代後期河南社會經濟日趨凋敝，不能望江南沿海地區之項背，但也發生了一些新變化，主要是創辦洋務、農業生產商品化擴大和新興城鎮的形成。

■ 一、農業的衰退與商品化生產

西元 1840 年河南全省人口約 2,434 萬人，清末增至 2,611 萬人，耕地面積超過 800 萬公頃。小麥種植占耕地面積 60% 以上，產量居全國首位，棉花、芝麻、黃豆的產量也居全國前列。產棉州縣增加到 90 個，年總產值達 700 多萬兩白銀。淮河、白河、洛河流域及豫北盛產水稻。懷慶府（治今沁陽）、南陽府等地土壤肥沃，農作物產量較高。以冬麥為中心的多熟集約耕作、複種輪作和間混套作，精耕細作，多糞肥田，提高投入產出程度的耕作制度在豫北、豫西等地推廣。鄧州、許州（今許昌）多植菸草，南陽、洛陽、開封附近多養蠶，伏牛山區畜牧業興盛。西元 1872 年，巡撫錢鼎銘號召民眾開鑿賈魯河故道，疏積沙，補殘堤，使上游無水患，下游通舟楫；疏濬勺金河、丈八溝、餘濟河、永豐渠以資灌溉，井灌技術、汲水機器進一步普及。但農具落後，小麥、玉米

第二節　近代農工商業的發展

平均畝產低於周邊省分，經濟作物棉花、菸草、芝麻種植面積小，棉花品種差，養蠶法陳舊，農產品人均擁有量和糧食商品率低，全省田賦歲收總額由清代前中期的 300 多萬兩白銀減至 200 多萬兩白銀。

河南農業生產活動衰退的原因：一是地主、官府的頭會箕斂，農民沒有生產的積極性。全省土地約半數為地主占有，佃農受地租、勞役和高利貸剝削，官府丁漕浮收、差徭改折、各種苛派、釐金、捐輸和雜稅令農民不堪重負。二是自然災害頻繁酷烈，造成人口減少，農業生產活動條件惡化。西元 1877 年至西元 1878 年，華北遭受罕見大旱，河南 59 個州縣受災，大批災民餓死、外逃，全省人口減少 180 萬人，幾十年後經濟仍沒有恢復原有水準。西元 1887 年 9 月，黃河在鄭州石家橋決口，鄭州、中牟以下 15 個州縣一片汪洋，災民 200 萬人。三是生態環境惡化。黃河南北水利設施大壞，河流很少疏濬，溝渠大都淤平，耕地變成不毛的沙丘。

隨著河南與國內、國際市場連結日益緊密，社會生活消費提高，市場需求增加，河南經濟作物種植日廣，農產品商品化加快。

棉花種植面積增加，初步形成幾個專業化的植棉區。西元 1870 年前後，河南府（治今洛陽）四鄉絕大部分土地植

第九章　清代後期

棉。20世紀初，安陽、鄧州、洛陽、通許、商水、孟縣（今孟州）等地年產棉花350多萬公斤。芝麻、黃豆、花生種植日廣。西元1880年代以後，河南蠶桑業發展，在祥符（今開封）、永城、滎澤（今鄭州古滎鎮）等地推廣湖州桑秧、蠶種，伏牛山區成為國內山蠶的主要產區之一。藍靛、紅花因產值高受農民青睞，懷慶府、南陽府和禹州等地所產藥材增加。全省罌粟種植面積占耕地總面積5%至10%。西元1897年河南產土藥約6萬擔（300噸），居全國第三位。豫西南多種菸草。19世紀末，鄧州與淅川煙田總面積有兩三千公頃，所產「鄧片」暢銷國外。禹州、襄城、上蔡、郟縣、洛陽等地曬菸運銷山西和廣東、湖北口岸。農產品商品化促使自然經濟解體和商品經濟發展，為資本主義經濟因素的增長奠定了基礎。

■ 二、手工業、商業的發展

晚清時期隨著資本主義經濟因素的輸入，社會經濟發生變化，傳統手工業有較大發展。

19世紀中葉以後，河南農村手工棉紡織發展很快，豫中、豫南、豫北一些縣成為棉布新產區。開封生產汴綢，禹州城內有500多家仿製汴綢。南陽府一些縣成為新興絲織業區。西元1890年代，南陽縣有專業機戶七八百家，機具3,000餘架，南陽綢遠銷蒙古、俄國，或進入上海市場，歸德

第二節　近代農工商業的發展

(今商丘)萬壽綢、陳留(今開封祥符區陳留鎮)河南綢也很著名。紡織商品生產活動由副業轉變為主業，促使「農」、「工」的分離，經濟近代化的步伐加快。

19世紀中葉，河南23個州縣有採礦業，開採點39處，以煤礦最多。19世紀末，彰德、衛輝、懷慶三府土煤窯有20多萬名工人。禹州的造紙，孟縣(今孟州)、信陽、羅山、洛陽的製皮，葉縣、襄城的銅器製造，滑縣道口的錫器製造，清化(今博愛)、信陽、固始、永寧(今洛寧)的竹器業，鹿邑、柘城、鄖城(今駐馬店鄖城區)的草帽辮業，都是近代新興或有新發展的產業。

清代後期，河南商業有新發展。光緒年間，南陽城陸續創辦經營京廣雜貨和「洋貨」的商舖，賒旗店(今社旗)市場秦晉出產的鹽、茶和「百貨悉備」。西元1880年代，商水周家口(今周口)有糧行、糧坊上百家，金針菜、芝麻、牛羊皮、牲畜等交易繁盛，滑縣道口鎮與天津的糧、鹽、藥材和百貨運銷興旺。隨著農村商品交換的增長，地方性

農民家庭紡織圖

的初級市場──集市迅速發展。光緒後期，鹿邑縣集市增至50處，永城增至89處，成為清代後期河南城鄉商品經濟

第九章　清代後期

發展的又一表徵。河南土著商人和商業資本也有新發展。此前全省各地較大商家大多來自山西、陝西等省，光緒中後期開始發生變化。清末林縣（今林州）「晉商僅有一二，城鄉商號皆林人自營」。信陽「本籍商人，居然特樹一幟」。以經銷藥材為主的懷商得到進一步發展，鞏縣（今鞏義）、太康、潢川、汝南、新蔡、鄧城、信陽、淅川、南陽等地商人崛起。

西元1860年代至西元1890年代中期，全國掀起「洋務」運動，學習西方，開採礦藏、興辦機器工業、修築鐵路、架設電線。河南洋務的創辦是從堵塞黃河決口開始的。西元1887年9月，黃河在鄭州石橋口決溢，為迅速堵塞決口、修復堤壩，河南巡撫倪文蔚與河東河道總督吳大澄奏請引進外國機器，購買一批窄小鐵軌、100輛運土鐵車、一套電燈設備和兩艘小輪船，在西壩鋪設窄軌鐵路，又用水泥在河中砌築石壩。為治河中加強與清廷的聯繫，架設濟寧到開封的電線，在開封設電報局。此後河南各城鎮相繼架線設電報局。

但是到19世紀末，河南地區仍然是一幅耕織結合的自然經濟圖景。河南人民深受官府和地主富人的盤剝，經濟力量極其薄弱，只能耕田而食，織布為衣，剩餘部分進入集市，也不過是以有易無、調劑餘缺，城鄉最大的商舖仍然是糧、鹽、紗、布和雜貨。守舊的社會習俗使河南商品經濟的活動天地窄小，經濟近代化的進程緩慢滯後。

第三節
20世紀初的形勢和變化

■ 一、帝國主義的深入

19世紀末，世界主要資本主義國家向帝國主義過渡，對殖民地和半殖民地國家的侵略和爭奪加劇，地處中國腹地的河南也成為列強直接進行經濟侵略的對象，透過修築鐵路、開採礦藏實施經濟掠奪。

英國商人覬覦太行山一帶的豐富礦藏。西元1897年，英商在倫敦成立「北京辛迪加」（福公司），又拉攏翰林院檢討吳式釗、分省補用道程恩培組建「豫豐公司」。福公司代理人羅沙第和豫豐公司訂立合約，由豫豐公司向福公司借款，「創辦懷慶左右，黃河以南、西南諸山各種礦務」。西元1898年4月7日被清廷批准，福公司假借豫豐公司的名義取得豫北採礦權。西元1902年7月，在修武縣下白作（今焦作）購地建礦廠，取名「澤煤盛廠」，這是當時外國在華的最大礦場。到西元1907年，福公司在豫北煤礦投資1,397萬元，約占英國在華總投資38%。福公司開採焦作煤礦，拒絕繳納出井稅和利潤，並強行在當地售煤，企圖扼殺當地土煤窯，獨霸豫北煤礦。

修建中的盧漢鐵路鄭州黃河大橋

英、德、俄、法等國為修築盧（溝橋）漢（口）鐵路進行激烈爭奪。西元1897年5月27日，清廷與比利時財團簽訂借款合約，把這條南北幹線賣給俄、法，西元1906年夏全線建成通車。西元1902年8月，河南省當局與福公司訂立道（口）清（化）鐵路章程，將修築權拱手讓給福公司。西元1905年，福公司誘脅盛宣懷簽訂借款合約，由中國鐵路公司向福公司借款70萬磅，依照年息5釐交付利息，把道清鐵路收回自辦。福公司獲得優惠利率，不僅收回築路投入資本，又獲得60年的鐵路所有權。汴（開封）洛（陽）鐵路原由中國鐵路公司籌款修築，俄、法兩國要挾把修築權給予比利時。西元1901年10月，盛宣懷和比利時合股公司代表簽訂合約，由比利時公司借款2,500萬法郎，39年還清，全路由比利時公司包辦。盧漢、道清、汴洛三條鐵路的修築，是侵略勢力深入的表現。

第三節　20世紀初的形勢和變化

義和團運動後，帝國主義利用天主教、耶穌教變本加厲進行文化侵略：一是向河南省府與有關州縣勒逼「賠償」，僅黃河以北諸縣付給教堂、教民的「賠款」即達20萬兩白銀、糧食2,000多石（約12萬公斤）。二是要求省、縣嚴懲義和團運動期間的「滋事各犯」。清廷下令各級官吏「優待保護」教堂、教士與教民，教會乘機大肆拓廣教務。西元1907年，天主教新設豫西教區，河南基督教教堂由義和團運動前的12座增加到西元1910年的44座。

隨著20世紀初河南的門戶洞開，帝國主義侵略勢力快速延伸，加快了河南社會半殖民地半封建化的進展。

二、反抗行動

帝國主義侵略的加深、封建壓迫和剝削的加重，激起河南人民的反抗。包括收回路礦權、反對洋教、城鎮居民的反帝反剝削、農民的抗糧抗捐以及祕密會社的反清行動等。

受南方保路運動的影響，20世紀初，安陽煤礦公司申請修築安陽境內鐵路，留日學生和紳商發起組建河南鐵路研究會和河南鐵路公所，準備自築洛（陽）潼（關）、開（封）徐（州）、信（陽）浦（口）各線。鐵路公所在各地設立招股分所集資，官府為築路加收鹽捐。洛潼鐵路由紳士商人爭歸自建。開封成立保礦公會，許州（今許昌）、衛輝等地組建分

第九章 清代後期

會，又成立河南礦務研究會，組建宏豫、光豫公司，抵制福公司掠奪豫北礦權。西元 1909 年，福公司要在當地售煤，修武縣千餘名農民衝入福公司礦場，砸毀機器。

洋教士干涉地方行政、司法，欺壓百姓，引起河南人民極大憤慨。20 世紀初，河南 17 個府、州、縣發生反教會行動。西元 1902 年，泌陽縣張雲卿等率領 2,000 餘人殺死罪惡多端的教民 6 人，焚毀教堂數十處，毀壞 370 多戶教民房屋。西元 1906 年，周家口仁義會首領吳太山發揭帖聲討洋教士的罪行，聚眾殺死惡霸教民範心順一家四口，教士、教民紛紛逃離。

西元 1908 年，中國發生反抗日本侵略的「二辰丸案」，開封學界召開大會，號召抵制日貨。次年，帝國主義國家企圖瓜分中國，開封各學堂學生罷課、集會反對。商人也以各種方式投入政治運動。西元 1905 年，開封、洛陽商人掀起抵制美貨活動。義和團運動後，河南每年財政支出高達 600 多萬兩白銀，出現嚴重赤字。河南當局推行「錢糧改章」，讓歷來交銀完糧的州縣改交銅錢，官府利用折價多收農民兩倍以上的糧稅。西元 1903 年，河南 4 府 20 多個州、縣的數萬名農民奮起反抗，迫使清廷下令停止此舉。河南當局為辦新政普遍加收捐稅也引起農民反抗。西元 1903 年，滑縣道口商人反對設立卡局苛徵糧稅，各商店罷市停業。西元 1904 年，臨潁商人和農民反對加收菸酒稅，火燒縣衙，打死知縣。西元

1910年，密縣（今新密）農民擁入縣城，拆毀縣府大堂；長葛、葉縣各有上萬人在城內集會抗捐。

三、清政府的新政

20世紀初，民族危機和國內政治危機空前嚴重，清廷不得不進行以「新政」和「立憲」為內容的改革。

河南也開始舉辦新政，改編訓練軍隊、試辦巡警、振興農工商業、興辦學堂。河南當局裁汰綠營，改編為巡防隊四十營，依照西方軍制設步隊、馬隊、炮隊、工程兵及軍樂隊，總稱第二十九混成協，使用新式武器，學習日本操練方法。改保甲局為巡警局，在開封設巡警總局，各府、州、縣設立巡警。西元1903年，在開封設商務農工總局，分設礦務、商務、農務總會，在各地創辦工藝局（廠、實業社）和農林會（試驗場、桑園），推廣美國長纖維棉種，試種甘蔗，引進湖桑和技術工人以改良蠶桑業。西元1904年後的10年間，全省手工業工場增加160多個，創辦新式企業27個，開封、洛陽、鄭州、周家口、道口等城鎮對外開放。西元1902年，設河南大學堂，成立學務公所管理全省辦學事務。宣統年間全省創辦各類學堂8,600多所，學生近30萬人。選派學子官費留學日本，並開放自費留學。河南省當局為創辦新政，向全省人民攤派捐款，增加了人民負擔，但新政在一定程度上促進了全省經濟、文化的發展。

第九章　清代後期

　　西元1906年9月，慈禧太后下詔頒布「預備仿行立憲」，各地紛紛成立立憲公會。西元1908年，河南省當局在開封成立河南總辦諮議局籌辦處。次年，選舉96名議員組成諮議局。立憲運動雖然夭折，但是資產階級藉此漸次形成有組織的政治勢力，在革命運動中發揮領導作用。

■ 四、辛亥革命

　　隨著新式學堂的興辦和出國留學，河南資產階級知識分子在接受革命思想的過程中逐漸成長，河南赴日本留學生20多人參加中國資產階級政黨──同盟會。西元1907年，杜潛等從日本回國，組建同盟會河南支部，發展會員。革命黨人以學堂為平臺，向學生灌輸革命思想。開封200多名同盟會員成為豫東革命運動的中堅。西元1906年，劉純仁在新軍中進行策反工作。西元1908年，劉鳳樓、王庚先、周維屏在開封聯繫新軍、巡警，準備發動起義，被警方偵知，劉純仁、楊源懋等到洛陽聯繫豫西在園會成立復漢軍，準備武裝起義。陝州（今三門峽）、汝州、永寧（今洛寧）、新蔡等地的革命黨人也聯繫會黨準備起事。

　　西元1911年10月10日，武昌新軍和以同盟會為代表的革命黨人在武昌發動反清起義，全國各地紛紛響應，一個多月內有14個省和上海宣佈脫離清廷獨立。獨立各省代表議決在南京成立中華民國臨時政府，選舉孫中山為臨時大總

統。此年是農曆辛亥年，史稱「辛亥革命」。在辛亥革命風暴中，河南革命黨人進行多次武裝奪取政權的嘗試。許州（今許昌）人張鍾端主持同盟會河南支部，聯繫省城及各縣軍警和民間武裝，購買槍械，準備起義。張鍾端被革命黨人推舉為河南革命軍總司令，決定12月23日在開封舉行起義，被告發。

張鍾端像

22日夜，起義領導人開會作戰前部署，巡防營士兵衝進會場，張鍾端等被捕。24日清晨，11位革命志士被押赴刑場，從容就義，用赤誠和鮮血為辛亥革命史書寫了光輝的一頁。

辛亥革命推翻了清朝的統治，結束了中國幾千年的君主專制制度，開創了完全意義上的民主革命，以巨大的震撼力和深刻的影響力開啟了中國前所未有的社會變革。

第四節
新經濟的產生

20世紀初，河南與世界資本主義市場連結日益緊密，社會經濟發生變化，商品經濟發展，自然經濟解體，資本主義和資產階級開始誕生。

第九章　清代後期

■ 一、工礦業的創辦

20世紀初，河南封建經濟結構漸趨解體，為資本主義新經濟的產生奠定了基礎。自然經濟的破壞為資本主義的發展提供了廣闊的商品市場，大量農民和手工業者的破產為資本主義的發展提供了大量勞動力。省內一批官僚、地主和商人斂積了數量可觀的錢財，外省富豪也有投資河南的意願。在中原大地母體中孕育已久的資本主義幼嬰終於呱呱墜地。清廷推行「振興商務，獎勵實業」政策，「挽回利權」、「實業救國」推動有志之士致力創辦近代企業，包括採礦、機器製造和輕紡業。截至西元1911年，河南已有商辦煤礦8家、工業企業15家。

西元1897年，河南巡撫劉樹棠在開封創辦河南機器局，製造子彈槍炮，這是全省第一個近代軍事工廠。西元1904年，又創辦鄭州京漢路機器廠和修武京漢鐵路工廠及安陽洪河屯翻砂廠。

西元1902年，禹州知州曹廣權等組建「豫南公司」，創辦三峰煤礦，這是河南首家民族資本主義企業。次年，候補道馬吉森和譚士禎等在安陽豐樂鎮創辦六河溝煤礦。西元1906年，郝鏡塘創辦密縣煤礦，靳法惠等在修武創辦憑心煤礦，葉懷古創辦湯陰崔溝煤礦。隨後又有宜陽廣益煤礦，湯陰寶善煤礦創辦。

第四節 新經濟的產生

西元 1904 年,唐玉田在滑縣道口鎮創辦繼興麵粉公司。次年,馬吉森等在安陽創辦廣益紗廠、孫延林等在禹州建立官商合辦的鈞瓷廠。開封創辦有耀華、鴻昌火柴公司、普臨電燈工廠和自來水廠。還有光山人陳世狀等創辦的火柴公司,以及安陽中興電燈公司、鞏縣裕中瓷業公司。

二、交通運輸的變遷

19 世紀末至 20 世紀初,縱貫南北的盧(溝橋)漢(口)鐵路與橫向的道(口)清(華鎮)鐵路、汴(開封)洛(陽)鐵路在河南省形成兩橫一縱格局。「汴省自鐵軌交達,風氣大開,商務、實業,進步甚速」,對河南發展商品經濟、引進科學技術、擴大市場有著促進作用。

西元 1900 年,慈禧太后和光緒皇帝由西安返京途經河南,架設了從潼關經河南到直隸的電線,在陝州(今三門峽)、洛陽、河內(今沁陽)、汲縣(今衛輝)、安陽、鄭州設立電報局。至清末,全省郵電網路初具規模,傳統驛傳方式和郵驛制度被取代,通訊更為便捷。

隨著鐵路的修築和門戶的洞開,河南與國內、國際市場的連結日益緊密。商品經濟的新潮猶如渦輪,把「耕稼社會」的死水微瀾轉變成喧動多變的市場波濤。豫東、豫東南和豫西南的油料和食油「販行甚遠」;豫北所產棉花北運天津,南

第九章　清代後期

向漢口，東去青島、上海；鄭州、洛陽一帶的特產、果品遠銷南、北各省。河南貨物運入湖北，「交易繁盛百倍」。鐵路沿線糧食運出與日俱增，致使省內糧價「較前數年增至一倍有餘」，反映了糧食生產活動商品化的擴大。外貨輸入日增，河南的封閉狀態有很大改變，市場格局大為改觀。

■ 三、鐵路沿線的興盛

20世紀初，盧漢、汴洛鐵路在鄭州相交，為河南交通運輸與商業帶來巨大改變。鐵路沿線一些新城鎮興起，一些城市因鐵路經過而繁榮。

鄭州原為開封府所轄的散州，成為鐵路樞紐後，城南門、北門外有商店數十家，西門外到火車站附近旅館、商店、商行、錢莊林立。西元1904年升為直隸州，西元1909年對外開放為商埠。郾城漯灣河（今漯河）原為一個渡口，自盧漢鐵路穿過，舟車輻輳，貨物堆積，商賈聚集。駐馬店原為確山一個驛站，自盧漢鐵路穿過，鐵路沿線開設很多商店、旅館、糧行。新鄉是衛河航運碼頭，有轉運煤的店鋪40多家，錢莊9家。朱仙鎮、北舞渡、周家口和賒旗鎮（今社旗）則因不通鐵路而逐漸衰退。

西元1908年，開封南關開放為商埠，南關火車站、南門內、曹門大街、西門大街有各種商行，馬道街、北土街洋

第四節　新經濟的產生

貨、綢緞、雜貨和金店雲集。洛陽火車站附近有旅館、商店、郵局、醫院，城內、東關外、南關商行林立。信陽火車站附近、北門外共和里街成為商業繁華區。其他鐵路沿線城市也都有不同程度的發展。

鐵路沿線城鎮形成以城市為主體的商品市場，在規模、功能、商品流通量等方面都成倍地超過原來繁華的集鎮。開封、洛陽是人口密集、以零售業為主體的消費市場；鄭州、許州（今許昌）、新鄉、安陽、信陽成為地區性中心集散市場，漯灣河、駐馬店、確山等是區域性農產品集散地，河流沿岸的繁華鎮集保留著傳統市場的特點，洋貨增加。河南商業具有運出原料、輸入製成品的半殖民地半封建市場經濟的特點。

新興的繁華鎮集分為三類：一是工商業鎮集，如河內清化鎮（今博愛）、鎮平石佛寺；二是某專項商品或農產品的專業鎮集，如陝州（今三門峽）會興鎮、唐縣（今唐河）源潭鎮、內鄉西峽口（今西峽縣）、安陽豐樂鎮和新安狂口鎮；三是轉運貿易鎮集，如淅川荊紫關、滑縣道口鎮。市場的變化促使商品結構的改變，形成洋貨、土貨共存的局面。

商品經濟的發展使商人隊伍逐漸擴大，全省有 53 個州縣、3 個鎮成立商會，開封成立商務總會，全國 15 個省有河南商人的足跡。

第九章　清代後期

20世紀初，河南的商品經濟發展較快，但仍不能望江南沿海地區之項背。河南自然經濟的存留仍在南方和沿海諸多省分之上，小農與家庭手工棉紡織業結合在大多數州縣延續，農、副、手工業的商品生產活動和商貨運銷遠欠充分，釐金年收入與南方商品經濟發達省分相距甚遠。

第五節
新、舊文化的交替

一、傳統思想與西學的傳播

晚清河南當局大力倡導程朱理學。河南巡撫嚴樹森重修開封「二程祠」，巡撫錫良創辦河南大學堂，聘「泥古而不通今，尊中而不重西」的山東理學家孫葆田為總教習，讓學生誦讀《孝經》、《小學集註》等書。道光年間至光緒初年程朱理學「復興」，河南出現一批名儒。河內（今沁陽）人李棠階潛心理學，融貫程、朱、陸、王各家之說。開封人倭仁、鄢陵人蘇源生、林縣（今林州）人徐定唐等都是名重於時的理學家。至20世紀初，抱殘守缺的理學在河南思想文化界仍居優勢。一位洛陽舉人說：「方今學術淆亂，棄夏就夷，唯吾鄉尚保洛學不失。」

第五節　新、舊文化的交替

　　河南也有一些學者主張經世之學。固始人蔣湘南鴉片戰爭期間積極為國計民生出謀劃策，對當時的重大問題如禁菸、治河等都有專門論述。獲嘉文士王釗「學無不窺」，鴉片戰爭後潛心撰作《籌海（防）十三策》。滑縣士人郭雲升提出《安邊十五策》。

　　鴉片戰爭後，中國落後於西方資本主義國家的現實被越來越多的人知曉，向西方學習被認為是中國擺脫落後的必經之路。透過創辦教會學校和醫院，出版近代報刊，創辦新式學校講授西方科學文化知識，歐美近代自然科學、社會科學知識在河南傳播。

　　最先傳播西學的是西方傳教士。西方教會為順利傳教，採取興辦醫院、學校和開展慈善事業等舉措收買人心，擴大影響。西元1911年，中原發生災荒，聖公會主教懷履光出任「華洋義賑會」會長，從海外募集救災款及食品向災民發放。教會學校向學生灌輸西方宗教信仰，教會醫院把西方醫學傳入。西方思想觀念和近代科學文化的傳入，對河南的文化轉型有著一定的作用。

　　西元1894年，西學開始進入河南文化思想界。祥符（今開封）人劉曾綠作《西法議》，提倡仿行西方經濟政策，准許官紳合資組建公司從事造船、開礦、鑄錢、郵政、保險等事業，製造各種機器。中日甲午戰爭後中華民族危機深重，維

第九章　清代後期

新變法思潮和政治運動高漲，河南一些青年學子把目光轉向西方，試圖從那裡尋找經世良方和救國真理。19世紀初，各類學校陸續創辦，更多青年接觸時代新知，渴求西學。西學的傳播啟發了青年學子，教育了封建知識分子，使他們的思想觀念發生極大的變化。商丘青年井俊起盡力搜求、涉獵「一切中西時務書」，進入河南師範學堂學習，回鄉創辦「迪新社」，宣傳新思想。新蔡人劉純仁博覽中外政治、法律、史地、哲學、外交、財經書籍，思想大變，成為河南民主革命的宣傳者和領導人。

二、報刊與圖書事業的興盛

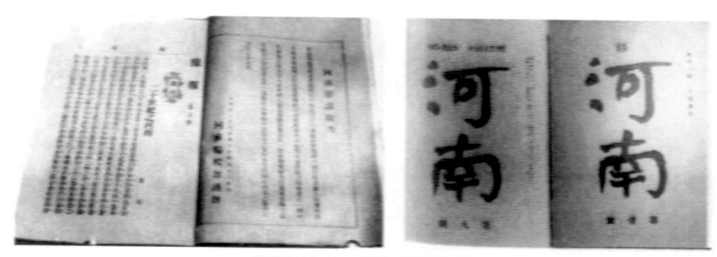

《豫報》和《河南》雜誌

西元1904年，河南巡撫陳夔龍創辦了河南最早的報紙《河南官報》；西元1906年，河南學務公所創辦河南第一份日報《開封簡報》，後更名為《中州日報》。此外，還有《河南白話報》、《河南教育官報》等。這些官辦報紙對傳播西學、交流資訊有著一定作用。資產階級知識分子也開始創辦報

第五節 新、舊文化的交替

刊。西元1906年,河南留日同鄉會在日本創辦《豫報》;西元1908年,留日河南籍學生創辦《河南》雜誌。這些報刊是「時務」和「新學」的載體,對經濟、政治、文化進步有著推動作用。

西元1897年,河南省河北道諭令屬員購買傳播新思想的《時務報》供書院諸生閱讀,以廣見聞。西元1902年,順天鄉試和河南鄉試在開封舉行,次年全國性的科舉會試也在開封舉行,各省舉人雲集。上海開明書店在開封設門市銷售新書和報刊。西元1908年,從日本留學回國的李錦公在開封創辦大河書社,銷售新書、報刊。河南開始創辦書店,興建圖書館。西元1909年,河南提學使孔祥霖創立河南省圖書館,大體同時建立的還有開封師範學堂圖書館、河南省立普通圖書館。書店、圖書館的創辦對開啟民智具有促進作用。

■ 三、科舉考試的廢除

西元1840年前後,河南有儒學118所,主要為科舉考試服務。光緒年間河南有書院106所,省轄書院有「大樑書院」和「明道書院」,道轄書院有「河朔書院」和「豫南書院」,其餘為府、州、縣書院。私塾是基礎教育的主要場所。此外,還有外國教會創辦的教會學校。

西元1902年,清廷頒布設立新式學校章程。河南巡撫

第九章　清代後期

　　錫良在開封創辦河南大學堂，開設中學、算學、西文三門課程，後改稱河南高等學堂，設備科、正科和專科，聘用英國人講授物理、化學。西元1905年，河南各地掀起辦學堂的熱潮，陸續創辦中學堂和小學堂。至西元1909年，全省有專門學堂11所，實業學堂30所，師範學堂63所，中學堂23所，小學堂2,800多所，女子學堂17所，在校學生近9萬人。學堂的建立象徵著封建傳統教育的瓦解、資產階級教育制度的初步確立。學堂授課增加近代科學知識，對西學傳播有著一定作用。李時燦、張嘉謀等從民間發起「興新學運動」，是近代河南教育的開拓者。安陽人馬青霞留學日本回國，在北京、開封、尉氏等地興辦女子學堂，為河南興辦新學作出較大貢獻。

　　河南省開始選派學生出國留學。西元1905年，從河南武備學堂中選送50名學生到日本振武學校、60多人到其他學校學習。

　　西元1842年，開封河南貢院重建，規模宏大，是全國四大貢院之一。

　　西元1900年，八國聯軍侵入北京，順天貢院被毀，癸卯（西元1903年）恩正併科會試和甲辰（西元1904年）正科會試及順天鄉試在河南貢院舉行。這是清代最後兩次全國性的科舉考試。西元1905年9月清廷宣佈全國科舉考試一律停

止。發端於隋朝洛陽、延續1300多年的科舉考試制度被徹底廢除。

四、近代科學的緩慢發展

清代後期，河南一些學者從事自然科學研究，取得一定成績。一些學者在研究中國傳統數學的基礎上吸納西方數學知識。河陰（今屬滎陽）人秦阿灼為學廣博，著有《數學初基》。宜陽人梁鳳誥精研數學，著有《天文曆法無代冥稿》。李元勛著《天文勾股》、《圓率引》、《招差引》。氾水（今滎陽西）貢生陳元勛精研數學、天文、地理、曆法，著有《禹貢考》、《天文節略》，並自製天文儀器，是近代河南自然科學的先驅。

研究中醫的學者更多。固始人萬青選著有《醫貫》、《壽世葆元辨證》、《士材三書辨證》等書。鎮平人高建章精研醫理，著有《傷寒論廣義》、《金匱要略廣義》。鄭縣（今鄭州）人弓泰著《方脈合編》、《眼科正謬》、《幼科醫案》等。西方醫學開始傳入。西元1904年，劉宇澄在固始創辦普仁醫院，她是河南第一位西醫婦產科醫生。

區田法又稱區種法，是一種旱作農田豐產技術。西元1899年，淇縣（今屬湯陰）人馮繡以18畝地作區田試驗，採用多種經營、套種、間作技術，一年三季有收穫，每畝收穀

第九章　清代後期

合十三四石（約 780 至 840 公斤）。他所著的《區田試種實驗圖說》對這種多熟集約種植模式進行了總結。在西方治河思想與水利科學技術的影響下，河南在水利設施建設、基礎理論、計算方法、建築材料上都有明顯進步。開始以海拔計算高度的技術觀測水位漲落。19 世紀末 20 世紀初，歐美河工技術引入，推動了河南河工技術的進步。盧漢鐵路鄭州黃河橋是一座採用西方技術修建的鋼鐵橋梁。

讀史益智

■ 辛亥革命

西元 1894 年，孫中山建立了第一個資產階級革命團體興中會，西元 1905 年與華興會、光復會聯合，組成中國同盟會，以「驅除韃虜，恢復中華，建立民國，平均地權」為綱領，在各省和海外建立革命組織，並多次發動武裝起義，為辛亥革命奠定了基礎。

西元 1911 年，清廷出賣鐵路修築權，激起全國人民的反對。10 月 10 日，武昌新軍中的革命黨人發動武裝起義，攻占湖廣總督署，控制了武昌城。各省紛紛響應，兩個月內 14 個省宣佈獨立，清廷迅速瓦解。12 月，孫中山回國，被 17 省代表會議推舉為臨時大總統。西元 1912 年 1 月 1 日，在南

京成立中華民國臨時政府，2月12日，清帝被迫退位，結束了清朝的封建統治。

史林折枝

■ 1·洋務運動

　　西元 1860 年代至西元 1890 年代，清廷一部分帶有買辦性的當權派採用一些資本主義生產技術，創辦學堂，以維持封建統治。洋務派官僚奕訢、曾國藩、李鴻章、左宗棠等以「自強」和「求富」為標榜，創辦江南製造局、福州船政局和各省機器局等近代軍事工業，並派遣留學生學習生產技術。從西元 1870 年代起，採取官督商辦方式，創辦輪船招商局、開平礦務局、天津電報局、唐山胥各莊鐵路、上海機器織佈局等企業。西元 1895 年以後，洋務派購買軍艦，成立北洋海軍，並用官商合辦方式創辦了一批工礦企業。

　　因所辦企業在技術和原料方面依賴外國，加深了帝國主義對中國政治、軍事和經濟的控制；又因企業的封建性與壟斷性，阻礙了資本主義的發展。洋務派掌握的軍隊在中日甲午戰爭中受到毀滅性的打擊。洋務運動加速了中國社會半殖民地化的過程，它的失敗宣告了洋務派標榜的「自強求富」的完全破產。但洋務教育則對清末學制和教學內容的改革有所促進。

2·戊戌變法

　　戊戌變法是西元 1898 年（農曆戊戌年）發生的資產階級改良主義的政治運動。西元 1895 年清軍被日本軍隊擊敗，民族危機空前嚴重。代表民族資產階級和開明士紳政治要求的康有為等，在北京發動各省應試舉人 1,300 多人上書光緒皇帝，反對簽訂《馬關條約》，以變法圖強為號召，組織強學會，掀起維新變法運動。康有為、梁啟超、譚嗣同、嚴復等人在各地組織學會，設立學堂和報館，宣傳變法維新，影響及於全國。西元 1898 年 4 月，康有為等以保國、保種、保教為宗旨，在北京倡設保國會。光緒皇帝接受變法主張，引用維新人士，從 6 月到 9 月陸續頒發維新法令，推行新政。但以慈禧太后為首的守舊派操縱軍政實權，堅決反對變法維新。9 月 21 日守舊派發動政變，光緒皇帝被幽禁，譚嗣同等六人被殺害，康有為、梁啟超逃到日本，變法運動失敗。

史林折枝

國家圖書館出版品預行編目資料

河南簡史：王朝更迭，文化不息，遺址中埋藏著華夏最古老的故事 / 程有為 著 . -- 第一版 . -- 臺北市：崧燁文化事業有限公司, 2025.03
面；　公分
POD 版
ISBN 978-626-416-323-1(平裝)
1.CST: 歷史 2.CST: 河南省
671.32　　　　　　　　114001849

河南簡史：王朝更迭，文化不息，遺址中埋藏著華夏最古老的故事

作　　者：程有為
發 行 人：黃振庭
出 版 者：崧燁文化事業有限公司
發 行 者：崧燁文化事業有限公司
E-mail：sonbookservice@gmail.com
粉 絲 頁：https://www.facebook.com/sonbookss/
網　　址：https://sonbook.net/
地　　址：台北市中正區重慶南路一段 61 號 8 樓
8F., No.61, Sec. 1, Chongqing S. Rd., Zhongzheng Dist., Taipei City 100, Taiwan
電　　話：(02) 2370-3310　　傳　　真：(02) 2388-1990
印　　刷：京峯數位服務有限公司
律師顧問：廣華律師事務所 張珮琦律師

-版權聲明

本書版權為河南人民出版社所有授權崧燁文化事業有限公司獨家發行繁體字版電子書及紙本書。若有其他相關權利及授權需求請與本公司連繫。

未經書面許可，不得複製、發行。

定　　價：375 元
發行日期：2025 年 03 月第一版
◎本書以 POD 印製